新一代人工智能 2030 全景科普丛书

智慧教育

刘希未　宫晓燕
荆思凤　王　晓　著

科学技术文献出版社
SCIENTIFIC AND TECHNICAL DOCUMENTATION PRESS
·北京·

图书在版编目（CIP）数据

智慧教育 / 刘希未等著. —北京：科学技术文献出版社，2021.12
（新一代人工智能2030全景科普丛书 / 赵志耘总主编）
ISBN 978-7-5189-8576-0

Ⅰ.①智… Ⅱ.①刘… Ⅲ.①网络教育—研究 Ⅳ.① G434

中国版本图书馆 CIP 数据核字（2021）第 224949 号

智慧教育

策划编辑：郝迎聪　责任编辑：刘英杰　范　萌　责任校对：张　微　责任出版：张志平

出 版 者	科学技术文献出版社
地　　　址	北京市复兴路15号　邮编　100038
编 务 部	（010）58882938，58882087（传真）
发 行 部	（010）58882868，58882870（传真）
邮 购 部	（010）58882873
官 方 网 址	www.stdp.com.cn
发 行 者	科学技术文献出版社发行　全国各地新华书店经销
印 刷 者	北京时尚印佳彩色印刷有限公司
版　　　次	2021 年 12 月第 1 版　2021 年 12 月第 1 次印刷
开　　　本	710×1000　1/16
字　　　数	129千
印　　　张	8.25
书　　　号	ISBN 978-7-5189-8576-0
定　　　价	39.00元

版权所有　违法必究

购买本社图书，凡字迹不清、缺页、倒页、脱页者，本社发行部负责调换

总　序

人工智能是指利用计算机模拟、延伸和扩展人的智能的理论、方法、技术及应用系统。人工智能虽然是计算机科学的一个分支，但它的研究跨越计算机学、脑科学、神经生理学、认知科学、行为科学和数学，以及信息论、控制论和系统论等许多学科领域，具有高度交叉性。此外，人工智能又是一种基础性的技术，具有广泛渗透性。当前，以计算机视觉、机器学习、知识图谱、自然语言处理等为代表的人工智能技术已逐步应用到制造、金融、医疗、交通、安全、智慧城市等领域。未来随着技术不断迭代更新，人工智能应用场景将更为广泛，渗透到经济社会发展的方方面面。

人工智能的发展并非一帆风顺。自1956年在达特茅斯夏季人工智能研究会议上人工智能概念被首次提出以来，人工智能经历了20世纪50—60年代和80年代两次浪潮期，也经历过70年代和90年代两次沉寂期。近年来，随着数据爆发式的增长、计算能力的大幅提升及深度学习算法的发展和成熟，当前已经迎来了人工智能概念出现以来的第三个浪潮期。

人工智能是新一轮科技革命和产业变革的核心驱动力，将进一步释放历次科技革命和产业变革积蓄的巨大能量，并创造新的强大引擎，重构生产、分配、交换、消费等经济活动各环节，形成从宏观到微观各领域的智能化新需求，催生新技术、新产品、新产业、新业态、新模式。2018年麦肯锡发布的研究报告显示，到2030年，人工智能新增经济规模将达13万亿美元，其对全球经济增长的贡献可与其他变革性技术如蒸汽机相媲美。近年来，世界主要发达国家已经把发展人工智能作为提升其国家竞争力、维护国家安全的重要战略，并进行针对性布局，力图在新一轮国际科技竞争中掌握主导权。

德国 2012 年发布十项未来高科技战略计划，以"智能工厂"为重心的工业 4.0 是其中的重要计划之一，包括人工智能、工业机器人、物联网、云计算、大数据、3D 打印等在内的技术得到大力支持。英国 2013 年将"机器人技术及自治化系统"列入了"八项伟大的科技"计划，宣布要力争成为第四次工业革命的全球领导者。美国 2016 年 10 月发布《为人工智能的未来做好准备》《国家人工智能研究与发展战略规划》两份报告，将人工智能上升到国家战略高度，为国家资助的人工智能研究和发展划定策略，确定了美国在人工智能领域的七项长期战略。日本 2017 年制定了人工智能产业化路线图，计划分 3 个阶段推进利用人工智能技术，大幅提高制造业、物流、医疗和护理行业效率。法国 2018 年 3 月公布人工智能发展战略，拟从人才培养、数据开放、资金扶持及伦理建设等方面入手，将法国打造成在人工智能研发方面的世界一流强国。欧盟委员会 2018 年 4 月发布《欧盟人工智能》报告，制订了欧盟人工智能行动计划，提出增强技术与产业能力，为迎接社会经济变革做好准备，确立合适的伦理和法律框架三大目标。

党的十八大以来，习近平总书记把创新摆在国家发展全局的核心位置，高度重视人工智能发展，多次谈及人工智能重要性，为人工智能如何赋能新时代指明方向。2016 年 8 月，国务院印发《"十三五"国家科技创新规划》，明确人工智能作为发展新一代信息技术的主要方向。2017 年 7 月，国务院发布《新一代人工智能发展规划》，从基础研究、技术研发、应用推广、产业发展、基础设施体系建设等方面提出了六大重点任务，目标是到 2030 年使中国成为世界主要人工智能创新中心。截至 2018 年年底，全国超过 20 个省市发布了 30 余项人工智能的专项指导意见和扶持政策。

当前，我国人工智能正迎来史上最好的发展时期，技术创新日益活跃、产业规模逐步壮大、应用领域不断拓展。在技术研发方面，深度学习算法日益精进，智能芯片、语音识别、计算机视觉等部分领域走在世界前列。2017—2018 年，中国在人工智能领域的专利总数连续两年超过了美国和日本。在产业发展方面，截至2018年上半年，国内人工智能企业总数达1040家，位居世界第二，在智能芯片、计算机视觉、自动驾驶等领域，涌现了寒武纪、旷视等一批独角兽企业。在应用领域方面，伴随着算法、算力的不断演进和提升，越来越多的产品和应用落地，比较典型的产品有语音交互类产品（如智能音箱、智能语音助理、智能车载系统等）、智能机器人、无人机、无人驾驶汽车等。人工智能的应用范围则更加广泛，目前已经在制造、医疗、金融、教育、安防、商业、智能家居等多个垂直领域得到应用。总体来说，目前我国在开发各种人工智能应用方面发展非常迅速，但在基础研究、原创成果、顶尖人才、技术生态、基础平台、标准规范等方面，距离世界领先水平还存在明显差距。

1956年，在美国达特茅斯会议上首次提出人工智能的概念时，互联网还没有诞生；今天，新一轮科技革命和产业变革方兴未艾，大数据、物联网、深度学习等词汇已为公众所熟知。未来，人工智能将对世界带来颠覆性的变化，它不再是科幻小说里令人惊叹的场景，也不再是新闻媒体上"耸人听闻"的头条，而是实实在在地来到我们身边：它为我们处理高危险、高重复性和高精度的工作，为我们做饭、驾驶、看病，陪我们聊天，甚至帮助我们突破空间、表象、时间的局限，见所未见，赋予我们新的能力……

这一切，既让我们兴奋和充满期待，同时又有些担忧、不安乃至惶恐。就业替代、安全威胁、数据隐私、算法歧视……人工智能的发展和大规模应用也会带来一系列已知和未知的挑战。但不管怎样，人工智能的开始按钮已经按下，而且将永不停止。管理学大师彼得·德鲁克说："预测未来最好的方式就是创造未来。"别人等风来，我们造风起。只要我们不忘初心，为了人工智能终将创造的所有美好全力奔跑，相信在不远的未来，人工智能将不再是以太网中跃动的字节和CPU中孱弱的灵魂，它就在我们身边，就在我们眼前。"遇见你，便是遇见了美好。"

新一代人工智能2030全景科普丛书力图向我们展现30年后智能时代人类生产生活的广阔画卷，它描绘了来自未来的智能农业、制造、能源、汽车、物流、交通、家居、教育、商务、金融、健康、安防、政务、法庭、环保等令人叹为观止的经济、社会场景，以及无所不在的智能机器人和伸手可及的智能基础设施。同时，我们还能通过这套丛书了解人工智能发展所带来的法律法规、伦理规范的挑战及应对举措。

  本丛书能及时和广大读者、同人见面，应该说是集众人智慧。他们主要是本丛书作者、为本丛书提供研究成果资料的专家，以及许多业内人士。在此对他们的辛苦和付出一并表示衷心的感谢！最后，由于时间、精力有限，丛书中定有一些不当之处，敬请读者批评指正！

赵志耘

2019 年 8 月 29 日

前　言

2006年，深度学习算法横空出世，带动了计算机视觉、机器翻译、语音识别、网络搜索等诸多领域的发展，取得了卓越的应用效果。人工智能技术走出低谷，迅速渗透到智慧城市、智慧交通、智慧农业、智慧医疗、智慧教育等领域。尤其是 2016 年，阿尔法围棋（AlphaGo）多次战胜人类冠军，标志着人工智能技术自主学习能力的极大提升，面向特定应用场景的专用人工智能得到广泛应用，人类由此进入了智能时代。2017 年，国务院发布《新一代人工智能发展规划》，提出发展人工智能核心技术，推动人工智能技术赋能国民经济发展，开展全民人工智能教育，培养人工智能高端人才等。

科学技术与社会文明的发展离不开教育。教育伴随人类社会已经走过了数千年的历史，早在几百乃至几千年前就提出"有教无类""因材施教""知行合一"等教育理念，且一直延续至今，仍是当前教育行业追求的目标和原则。教育如何利用人工智能等先进技术在课程设计、教学模式、学习环境和教育管理等多个层面实现智能的感知、识别、分析、推理、判断、优化、决策、执行，进一步继承和发展古往今来的各种教育理念，让教育真正回归育人本质，是近年来智慧教育领域研究的重要课题。本书第一章从智慧教育的概念谈起，回顾国内外智慧教育的发展；第二章从理论、技术和评价多个视角阐述智慧教育系统的特征和功能；第三章至第五章从智慧教育的数据与场景、感知与分析、推理与决策 3 个方面进行具体描述；第六章介绍智慧教育的产业应用和典型案例；第七章展望智慧教育的未来。

2018 年 5 月，在浙江工业大学计算机科学与技术学院院长王万良教授、中国科学院自动化研究所复杂系统管理与控制国家重点实验室主任王飞跃研究员与澳门大学科学与技术学院院长陈俊龙教授的联合发起下，中国自动化学会成立智慧教育专业委员会，旨在推动人工智能技术赋能教育，促进自动化、物联网、大数据、机器人等新兴技术与教育科学的深度融合；同时，通过教育创新培育高端人工智能人才，助力新模式、新技术、新产业的更好发展，服务国家产业升级和人才培养战略。智慧教育专业委员会以本书撰写为契机，总结并分享了自成立以来的工作体会和经验。

2021年即将结束，新冠肺炎疫情仍在肆虐全球，新的变种病毒还在不断扩散，疫情防控成为教育系统的日常工作。为保障"停课不停学"和疫情新常态教学工作，智慧教育技术正在发挥极大的作用，线上线下相结合的教育模式已经得到普及。虚拟现实、区块链、人工智能、5G通信等新技术层出不穷，也将在教育领域逐步深入应用，促进新的教育变革。但不论技术如何高端先进、系统如何精准智能，教育的社会属性与促进每个生命个体健康成长的根本追求是不会改变的。在可以预见的未来，智慧教育必将助力教育的公平均衡和高质量发展，尊重每一个学生的个体成长，通过技术支持"以学生为中心"的个性化学习，实现"以人为本"的教育。

目　录

第一章 　**智慧教育概述** / 001
 第一节　时代发展的必然 / 001
 第二节　智慧教育的概念及内涵 / 002
 第三节　国外智慧教育的发展 / 004
 第四节　国内智慧教育的发展 / 006
 参考文献 / 008

第二章 　**多视角下的智慧教育** / 016
 第一节　智慧教育的理论体系 / 016
 第二节　智慧教育的技术体系 / 018
 第三节　智慧教育的评价体系 / 021
 参考文献 / 022

第三章 　**智慧教育的数据与场景** / 027
 第一节　在线教育 / 027
 第二节　教育大数据 / 029
 第三节　沉浸式教学 / 036
 第四节　5G+ 教育 / 039
 第五节　智慧教室 / 041
 第六节　智慧实验室 / 046
 第七节　智慧图书馆 / 048
 第八节　智慧校园 / 052
 第九节　总结 / 055
 参考文献 / 056

第四章 智慧教育的感知与分析 / 065

第一节　知识图谱——知识海洋巡航 / 065

第二节　学习分析——"偷偷陪伴"你 / 077

第三节　教学分析——比你更懂你的学习 / 080

第四节　总结 / 083

参考文献 / 083

第五章 智慧教育的推理与决策 / 087

第一节　虚拟伙伴——贴心的学习伙伴 / 088

第二节　虚拟教师——悉心的引导者 / 089

第三节　ITS 系统——专属你的学习天地 / 090

第四节　教育全过程评价与决策 / 091

第五节　人机融合的教育管理 / 094

第六节　总结 / 096

参考文献 / 096

第六章 智慧教育关联产业 / 101

第一节　人工智能赋能教育 / 101

第二节　人工智能教育存在的问题 / 104

第三节　产业案例 / 106

第四节　总结 / 109

参考文献 / 110

第七章 智慧教育与未来学习 / 113

第一节　新时代素养 / 113

第二节　体验式学习 / 114

第三节　人机协作学习 / 115

第四节　终身学习 / 117

第五节　总结 / 118

参考文献 / 118

第一章

智慧教育概述

智慧是教育的根本目的。智慧教育是人的教育的根本存在方式。随着人类的实践与发展，人们对智慧的理解和需求也一直在发生变化，从"知识就是力量""意义建构"到"创新"。因此，在不同的发展时期，智慧教育也有不同的样态和阶段特征。智能技术是实现智慧教育的手段。整体来看，智慧教育具有哲学与技术双层含义。从哲学意义上讲，智慧教育以人和世界、理想和现实的互动为宏观背景框架，以人与世界的和谐共生为终极目标；从技术的观点看，智慧教育是基于物联网、大数据、云计算及人工智能等现代信息技术，通过构建智慧教育环境来促进教育的智慧化水平，实现学习者的智慧提升。在人工智能技术与教育深度融合的智能时代背景下，本章深入探索智慧教育的本义与内涵，以及国内外发展趋势。

第一节 时代发展的必然

随着物联网、人工智能、大数据技术的发展，以深度学习为代表的人工智能算法推动了计算机视觉、语音识别、自然语言处理等技术的巨大进步[1-4]，人工智能取得重大突破，人的脑、眼、耳、手、口逐步被机器替代[5]。人类社会已经步入新轴心时代,这个时代的显著特征就是智能科技作为人类智能的直接延伸而出现[6]。在机器能够"思考"的时代[7],人的记忆、复述、再现及简单重复性工作将更多地被机器取代,对学生开展工业流水线式的低阶认知能力培训已不能满足智能时代的需求。培养学生识别问题、逻辑推理、意义建构、精致思考、自我指导等的高阶认知能力是智能时代对教育提出的新诉求[8]。

同时,人工智能技术的发展推动了智慧教育的发展,为实现个性化教育创造了良好的智慧环境。当前,智适应学习、机器视觉、语音识别、多模态行为分析等技术在分析学生个人行为和学习数据方面起到重要作用,推动了个性化教育的发展[9-11];虚拟现实技术、传感技术及5G网络实现了学校内的人、设备、环境、资源等因素的互联互通[12-14],使教学资料得以协同共享,教学数据得以分析利用,人与人、人与设备、设备与设备能够互通、互联,为教师的"教"和学生的学提供了个性化、定制性的便捷服务[15-17]。由此,人工智能技术与教育的融合推动了教育从以教师为核心的教育模式向以学生为核心的教育模式转变。

综上所述,人工智能延伸了人的智能,也延伸了教育的时空。随着人工智能技术与教育的深度融合,教育的内容将越来越具有适切性,深度学习、物联网、5G、大数据、人工智能芯片等技术的发展正推动工业流水线式的培训教育走向个性化、精准化。

第二节 智慧教育的概念及内涵

随着人工智能技术与教育的深度融合,教育信息化进入了更高级的发展阶段——智慧教育。然而,智慧教育并不是一个全新的概念。从古至今,国内外专家学者对智慧教育的研究大体从3个视角来展开。

① 从教育本义上讲,智慧是教育永恒的追求,智慧教育的出发点和归宿点是唤醒、发展人类智慧。印度著名哲学家克里希那穆提在其专著《一生的学习》

中从智慧的高度解读了教育，认为真正的教育要帮助人们认识自我、消除恐惧、唤醒智慧[18]。英国著名哲学家怀特海提出儿童智慧教育理论，认为教育的主题是生活，教育的目的是开启学生的智慧[19]。国内外教育学家、心理学家和科学家也一直关注智慧教育。加拿大"现象学教育学"的开创者马克斯·范梅南提出了以儿童发展为取向的智慧教育学理念，指出教育者应该为儿童创造一种充满关爱的学习环境，要关注儿童真实的生活世界，要关心儿童的存在和成长[20]。美国著名心理学家斯腾伯格提出智慧平衡理论，倡导为智慧而教，认为教育应教会学生智慧地思考和解决问题，以及平衡人际内、人际间及人与环境间的利益，培养学生的社会责任[21]。

②从教育信息化发展的角度看，陈琳等[22]认为由于目前的教育信息化缺乏重大理论与实践创新，所以智慧教育被赋予新的内涵和特征，智慧教育是教育信息化的新形态。黄荣怀[23]通过对现代教育系统的构成要素进行逻辑演绎，指出智慧教育系统将经历智慧学习环境、新型教学模式和现代教育制度三重境界。智慧教育具有感知、适配、关爱、公平、和谐五大本质特征，通过智慧学习环境传递教育智慧，通过新型教学模式启迪学生智慧，通过现代教育制度孕育人类智慧。祝智庭等[24]在《智慧教育：教育信息化的新境界》一文中分析了信息时代智慧教育的基本内涵：通过构建智慧学习环境（Smart Learning Environments），运用智慧教学法（Smart Pedagogy），促进学习者进行智慧学习（Smart Learning），从而提升成才期望，即培养具有高智能（High-Intelligence）和创造力（Productivity）的人，利用适当的技术，智慧地参与各种实践活动并不断创造制品和价值，实现对学习环境、生活环境和工作环境灵巧机敏地适应、塑造和选择。尹恩德[25]从教育信息化带动教育现代化发展的角度出发，界定了智慧教育的概念：智慧教育是指运用以物联网、云计算为代表的一批新兴信息技术，统筹规划、协调发展教育系统各项信息化工作，转变教育观念、内容与方法，以应用为核心，强化服务职能，构建网络化、数字化、个性化、智能化、国际化的现代教育体系。金江军[26]认为智慧教育是教育信息

化发展的高级阶段,是教育行业的智能化,与传统教育信息化相比,表现出集成化、自由化和体验化三大特征。

③在智慧教育系统实践层面,国内外一些ICT企业[27-30]纷纷提出了智慧教育解决方案。这些方案主要基于5G网、物联网、云计算、大数据等技术,构建数字化智能引擎,融合数据平台、全栈智能平台、能力开发平台,实现智慧校园教育治理、教育教学、教学管理、教育环境管理的数字化、网络化、智能化、个性化和精准化。

综上所述,智慧教育的深刻内涵可总结为:将现代智能技术与现代教育制度相结合,构建网络化、智能化和个性化的智慧学习环境,全面实施个性化教学、按需服务的新型教育模式[31],实现"人人皆学、处处能学、时时可学"的学习型社会环境的构建,最终实现教育启迪、唤醒人类智慧的根本目的,为社会培养具有高度应变与创新能力的人才。

第三节 国外智慧教育的发展

智慧教育即教育信息化,是国家信息化的重要组成部分,对转变教育思想和观念、深化教育改革、提高教育质量和效益、培养创新人才具有深远意义,是实现教育跨越式发展的必然选择。

自20世纪90年代开始,全球许多国家都将智慧教育作为教育发展的重大战略。美国政府先后于1996年、2000年、2005年及2010年颁布了4个"国家教育技术计划",分别是"帮助美国学生为21世纪做好准备:迎接技术素养的挑战""数字化学习:为所有学生提供触手可及的世界课堂""迎来美国教育的黄金时代:因特网、法律和学生如何变革教育期望""变革美国教育:技术推动学习",这些计划都提出要适应当时教育信息化要求的基础教育系统改革目标、要求和建议,极大地促进了美国教育信息化的发展。新加坡教育部分别于1997年、2003年、2008年发布了基础教育信息化一期、二期、三期发展规划,并提出构建"思考型学校、学习型国家"的教育理念，制定"利用信息技术改变学校文化"的信息化教育目标。澳大利亚进行了为期7年（2008—2014年）的数字教育改革（Digital Education Reform）[32]。英国政府于2005—2010年相继发布了"利用技术（Harnessing Technology）促进学习计划""利用技术：下一代学习（2008—2014）计划""下一代学习：2010—2013阶段促进计划"等，并规划了2010—2013年的行动和目标[33]。马来西亚[34]自1996年开始实施"智慧学校（Smart School）计划"，积极促进课程、教学法、评价和教材等方面的改革。韩国于2011年在其高度发达的信息通信技术的基础上颁布了智慧教育推进战略，计划到2015年所有中小学以数字教科书取代纸质教科书，并于2012年兴建4所智能学校，自此，智慧教育在韩国正式起航。

基于各国智慧教育发展战略及人工智能技术与教育的深度融合，在全球范围内，教育正逐步从传统的电化教育、数字教育升级到智慧教育。网络信息技术使得MOOCs学院、CourseTalk、中国大学慕课、学而思网校、新东方网校等在线教育成为与线下教育一样的常态教学模式[35]，并由于其不受时空限制、能收听全球优秀教师的课程、重复播放、及时测评等优点，成为全球学习者的新宠。在线教育的发展使得学习分析价值日益凸显[36]。学习分析技术主要是通过测量、收集、分析关于学习者及其学习情景的数据，预测学习者个性特征、学习偏好及学习过程情绪等个性化信息，以期了解和优化学习和学习发生的情景。当前，美国、英国、加拿大、澳大利亚等国家引领着学习分析的研究热点[37]，形成了以教育学、计算机科学与工程、人工智能、心理学与认知科学为主导学科的学术群体合作研究态势，以及以设计研究法、文本分析法、混合研究法、教育数据挖掘等为代表的学习分析研究方法[38]。研究内容主要聚焦基于学习过程的行为数据预测未来学习表现、虚拟学习社区中的交互文本与对话挖掘分析、学习者参与度注意力与情感研究、教育数据挖掘视角下的形成性评价等方面[39]。

人工智能、大数据、深度学习、云计算、虚拟现实、区块链、信息物理系统等新兴技术与教育的深度融合，推动教育范式向系统化、智能化、个性化发展，最终实现学习者学习的泛在化和终身化。在世界范围内，人工智能教育热潮从美国兴起，中国、日本快速跟上，欧洲较为平缓[40]。美国的智慧教育产业发展迅速，自适应学习是美国智慧教育产业的热点，与其相关的企业有很多[41-42]，主要是利用人工智能技术获取、分析学生学习过程中的数据，提供个性化的教育资源和教学方法，激发学生学习兴趣；欧洲的产业热点为语言学习测评技术[43]；相比而言，日本则更注重人工智能课题教育，如编程教育等[44]。

第四节　国内智慧教育的发展

我国的教育信息化是从邓小平同志"计算机普及要从娃娃抓起"的指示开始的，20世纪70—80年代开始计算机学科教学，80年代中后期开始计算机辅助教学与管理，90年代后期开始以基础设施为中心的教育信息化建设，2005年开始以应用能力为中心的教育信息化建设，2010年开始智慧教育研究与实践。从整体发展的角度来看，我国的智慧教育发展主要经历了5个阶段。

第一个阶段为电化教学、计算机辅助教学。电化教学关注的重点是利用电化教学工具优化教学过程，如自动幻灯机、投影器、收录机、录音磁带等电化教学设备在教学过程中的应用[45]。而计算机辅助教学是指微型计算机进入教育领域并成为多种教育环境中的理想工具。因其能够综合处理文字、图像、声音、图形等材料，在教学中使用时，一方面，教师的课件质量有所提升；另一方面，学生可以学习到微型计算机的基本知识[46]。随着信息技术的发展，计算机辅助教学逐步向网络化教学[47]、数字化教学发展[48-49]，但是这一阶段的教学模式仍然以教师为中心[50]。

第二个阶段为智慧教育理论和实践研究阶段。随着大数据、物联网、云计算、人工智能等技术的飞速发展，世界范围内新一轮教育信息化改革、教育创新不断发生。2010年7月，我国国务院颁布的《国家中长期教育改革和发展规划纲要（2010—2020年）》描绘了未来10年我国教育发展的蓝图，自此，我国正式迈入智慧教育理论和实践的研究元年。从理论研究和实践发展来看，在这一阶段，我国智慧教育的研究多是围绕理论展开。专家学者主要围绕智慧课堂的理论基础[51-52]、学习环境[53-54]、支撑技术及教学实践[55-56]进行了探讨。这个阶段的理论研究多于实践，但是构建"以学习者为中心"的学习模式已逐步成为共识[57]。

第三个阶段为教学信息化1.0时代，新型教学模式不断涌现。在这一阶段，学习环境建设和教学模式设计成为研究主题。从政策层面来讲，2012年3月印发的《教育信息化十年发展规划（2011—2020年）》对未来10年的教育信息化建设提供了指导意见和总体方向，并明确提出要"注重信息技术与教育的全面深度融合"。自此，智慧学习环境模型构建及实现的关键技术成为教育领域专家学者研究探讨的主题[58-63]。在教学实践方面，基于微课[64-66]、电子书包[67-69]、虚拟现实等技术的新型教学模式不断涌现[70-71]。

第四个阶段为新型教学模式进入课堂，个性化学习得到关注。得益于"互联网＋教育"的发展及"三通两平台"建设的突破性进展，在这一阶段，新型教学模式不断走进课堂，围绕"以学生为中心"的教学模式进行探索，个性化教育逐渐得到关注。2015年，国务院印发《国务院关于积极推进"互联网＋"行动的指导意见》，自此，"互联网＋教育"思维凸显。2016年，教育部印发《教育信息化"十三五"规划》，自此，以"三通两平台"为标志的各项工作取得了突破性进展。在"互联网＋教育"的大好形势下，翻转课堂[72-75]、慕课[76]、晒课[77-78]等新型课堂教学推动了教学模式的改革，个性化学习逐步进入人们的视野[79-81]。

第五个阶段是个性化、精准化教育成为人们的研究热点。在这一阶段，在人工智能政策利好和国家教育战略政策的推动下[82]，人工智能技术发展迅速，并与教育深度融合，基于机器学习技术、大数据挖掘技术、多模态融合技术的个性化、精准化教育成为人们的研究热点。2017年，国务院印发《新一代人工智能发展规划》，在对我国人工智能发展进行战略部署的同时，还强调要"实施全民智能教育项目……"。2018年印发的《教育信息化2.0行动计划》提出了"三全两高一大"目标，为我国教育信息化发展指明了新的方向，从提升学生信息技术应用能力向提升学生信息技术素养转变，从应用融合发展向创新融合发展转变。2019年2月，教育部网络安全和信息化领导小组第五次会议通过《2019年教育信息化和网络安全工作要点》，提出10项核心目标，部署11个方面35条具体任务，不断加快我国教育信息化的实施步伐，从而全面提升我国智慧教育水平。在智能技术与教育融合创新发展的过程中，人们认识到根据学习者的喜好、知识基础、情感等个性化特征为其提供教学材料及合适的教学方法，有助于提高其学习积极性和主动性[83-85]。大规模在线学习数据为挖掘学习者的个性化学习特征提供了充足的数据[86-87]。计算机视觉技术、语音识别技术、自然语言理解及深度学习技术的发展为实现多模态学习者特征数据挖掘提供技术支持[88-91]。未来20年，教育一定是AI+，而智适应教育会是大方向。

综上所述，经过前期发展，我国教育信息化发展快速，信息技术已在我国各级各类教育中得到广泛应用，2018年，我国智慧教育市场规模突破5000亿元；2019年，我国智慧教育市场规模已经超过7000亿元；据预测，到2022年我国智慧教育行业市场规模将突破万亿元大关，市场前景十分广阔[92]。

参考文献

[1] DEVLIN J，CHANG M W，LEE K，et al. BERT：pre-training of deep bidirectional transformers for language understanding [EB/OL]. (2018-10-11) [2021-05-13].http://tooob.com/api/objs/read/hoteid/287179951/.

[2] BROCK A，DONAHUE J，SIMONYAN K. Large scale GAN training for high fidelity natural image synthesis[C]//Preceedings of ICLR 2019，New Orleans：ICLR，2019：1-35.

[3] HINTON G，DENG L，YU D，et al. Deep neural networks for acoustic modeling in speech

recognition: the shared views of four research groups[J]. IEEE signal processing magazine, 2012, 29 (6): 82-97.

[4] ZHANG Y, CHEN G, YU D, et al. Highway long short-term memory RNNs for distant speech recognition[C]//2016 IEEE International Conference on Acoustics, Speech and Signal Processing (ICASSP). New York: IEEE, 2016.

[5] 谭铁牛. 人工智能的历史、现状和未来[J]. 奋斗, 2019 (5): 8.

[6] 王飞跃. 从人工智能到智能产业: 迈向第三轴心时代的智慧世界[J]. 无人系统技术, 2019 (1): 1-4.

[7] 万璟. 聚焦常态化应用, 关注个性化教与学: 2017未来教育个性化教与学研讨会暨课堂教学观摩活动在重庆圆满举行[J]. 中国信息技术教育, 2017 (9): 6.

[8] 赵燕, 宛平, 尹以晴, 等. AI时代人工智能商数 (AIQ) 的内涵、能力框架与提升之策: 基于高校"人工智能+教育"的认知调查分析[J]. 远程教育杂志, 2020, 38 (4): 48-55.

[9] 陈珍珍. 基于区域基础教育大数据视域下的精准教学研究[J]. 教育现代化, 2019, 6 (41): 135-136.

[10] SHUTE V, TOWLE B. Adaptive E-Learning[J]. Educational psychologist, 2003, 38 (2): 105-114.

[11] BALASUBRAMANIAN V, MARGRET ANOUNCIA S. Learning style detection based on cognitive skills to support adaptive learning environment—a reinforcement approach[J]. Ain shams engineering journal, 2018 (9): 895-907.

[12] AZEVEDO R, GASEVIC D. Analyzing multimodal multichannel data about self-regulated learning with advanced learning technologies: issues and challenges[J]. Computers in human behavior, 2019, 96: 207-210.

[13] 李书杰, 郑利平, 谢文军, 等. 虚拟现实 (VR) 教育的问题与思考[J]. 计算机教育, 2019 (2): 41-44.

[14] 袁磊, 张艳丽, 罗刚. 5G时代的教育场景要素变革与应对之策[J]. 远程教育杂志,

2019, 37 (3): 27-37.

[15] 兰国帅, 郭倩, 魏家财, 等. 5G+智能技术: 构筑"智能+"时代的智能教育新生态系统 [J]. 远程教育杂志, 2019, 37 (3): 3-16.

[16] 顾云锋, 吴钟鸣, 管兆昶, 等. 基于教育大数据的学习分析研究综述 [J]. 中国教育信息化, 2018 (7): 1-6.

[17] 王旭. 基于数据挖掘的学生行为习惯与学习成绩的关联性研究 [D]. 上海: 上海师范大学, 2019.

[18] 杨现民. 信息时代智慧教育的内涵与特征 [J]. 中国电化教育, 2014 (1): 29-34.

[19] 肖士英. 走向智慧教育观的新境界: 怀特海智慧教育观的审视与超越 [J]. 华东师范大学学报（教育科学版）, 2015, 33 (4): 7-14.

[20] 蒋茵. 从现象学到智慧教育学: 范梅南教育思想探微 [J]. 台州学院学报, 2005 (1): 76-79, 84.

[21] 邵琪. 智慧教育史论 [D]. 杭州: 浙江大学, 2019.

[22] 陈琳, 王丽娜. 走向智慧时代的教育信息化发展三大问题 [J]. 现代远程教育研究, 2017 (6): 57-63.

[23] 黄荣怀. 智慧教育的三重境界: 从环境、模式到体制 [J]. 现代远程教育研究, 2014 (6): 3-12.

[24] 祝智庭, 贺斌. 智慧教育: 教育信息化的新境界 [J]. 电化教育研究, 2012 (12): 5-13.

[25] 尹恩德. 加快建设智慧教育推动教育现代化发展: 宁波市镇海区教育信息化建设与规划 [J]. 浙江教育技术, 2011 (5): 56-60.

[26] 金江军. 智慧教育发展对策研究 [J]. 中国教育信息化（基础教育）, 2012 (11): 18-19.

[27] 杨秀森. 索尼智慧教育生态系统解决方案亮相76届中国教育装备展示会 [J]. 现代教育技术, 2019, 29 (5): 126.

[28] 若冬. 2020智慧教育解决方案提供商TOP100[J]. 互联网周刊, 2020 (9): 48-50.

[29] 佚名. 知云善教　让未来大不同: 联想携智慧教育解决方案亮相全国中小学教学信息化

应用展[J]. 中国教育信息化,2015(12): 92.

[30] 杨小珍,林雯. 国内智慧课堂的研究热点与趋势:基于CiteSpace的可视化分析[J]. 中国教育信息化,2018(23): 15-20.

[31] 陆灵明. 智慧教育研究现状、内涵及其特征分析[J]. 上海教育科研,2020(2): 19-24.

[32] 黄荣怀. 教育信息化助力当前教育变革:机遇与挑战[J]. 中国电化教育,2011(1): 36-40.

[33] 桑新民. 教育信息化的新潮流与攻坚战:大规模网络课程热潮中的冷思考[J]. 中国教育信息化,2013(10): 22-25.

[34] 张茂聪,鲁婷. 国内外智慧教育研究现状及其发展趋势:基于近10年文献计量分析[J]. 中国教育信息化,2020(1): 15-22.

[35] 周新丰,肖忠良. 论"互联网+"背景下的在线教育[J]. 计算机产品与流通,2020(11): 153.

[36] 张亚珍,黄莉,刘梦颖. 基于MOOC大数据的学习分析:以智慧树平台《现代教育技术》课程为例[J]. 创新创业理论研究与实践,2020,3(15): 173-175.

[37] 张琪,李福华,孙基男. 多模态学习分析:走向计算教育时代的学习分析学[J]. 中国电化教育,2020(9): 7-14,39.

[38] 吴永和,程歌星,刘博文,等. LAK十周年:引领与塑造领域之未来2020学习分析与知识国际会议评述[J]. 远程教育杂志,2020,38(4): 15-26.

[39] 葛文双,韩锡斌,何聚厚. 在线学习测评技术的价值、理论和应用审视[J]. 现代远程教育研究,2019,31(6): 52-60,77.

[40] 艾瑞咨询. 2019年中国AI+教育行业发展研究报告[R]// 艾瑞咨询系列研究报告. 上海:上海艾瑞市场咨询有限公司,2020: 45.

[41] 刘进,钟小琴,李学坪. 教育人工智能:前沿进展与机遇挑战[J]. 高等工程教育研究,2020(2): 113-123.

[42] HARVEY I. Artificial life beyond AI:neats,scruffies and holograms[C]. The 2018 Conference on Artificial Life,Tokyo,2018.

[43] 李岱素，潘慧. 打造国际先进的新一代人工智能产业发展战略高地：《广东省新一代人工智能发展规划》发布 [J]. 广东科技，2019，28（2）：15-16.

[44] 周松兰. 中美欧日韩人工智能技术差距测度与比较研究 [J]. 华南理工大学学报（社会科学版），2020，22（2）：18-30.

[45] 马小强. 以《规划纲要》为契机推进教育信息化进程：2010年全国电化教育馆馆长会综述 [J]. 中国电化教育，2010（4）：1-4.

[46] 李玮珑，赵彦华. 多媒体计算机辅助教学综述 [J]. 黄河水利职业技术学院学报，2002（4）：64-65.

[47] 王星. 网络教学组织形式优化发展研究 [D]. 武汉：华中师范大学，2012.

[48] 李端强，李志银. 基于知识管理的数字化网络学科教学资源建设初探 [J]. 广东技术师范学院学报，2006（4）：111-114.

[49] 王娟，陈瑶. 资源建设新形态：虚拟仿真资源的内涵与设计框架 [J]. 中国电化教育，2016（12）：91-96.

[50] 马桂香，邓泽民. 我国职业教育教学信息化研究40年综述 [J]. 职教论坛，2020，36（7）：71-80.

[51] 陈卫东，张际平. 未来课堂的定位与特性研究 [J]. 电化教育研究，2010（7）：23-28.

[52] 陈卫东. 教育技术学视野下的未来课堂研究 [D]. 上海：华东师范大学，2012.

[53] 黄荣怀，胡永斌，杨俊锋，等. 智慧教室的概念及特征 [J]. 开放教育研究，2012，18（2）：22-27.

[54] 曾绍玮. 智慧校园：数字校园发展的必然趋势 [J]. 时代教育，2013（13）：185.

[55] 蒋家傅，钟勇，王玉龙，等. 基于教育云的智慧校园系统构建 [J]. 现代教育技术，2013，23（2）：109-114.

[56] 许勇辉，吴明超. 基于教师实践性智慧发展的智慧课堂实验室设计研究 [J]. 现代教育技术，2013（3）：109-113.

[57] 郭晓珊，郑旭东，杨现民. 智慧学习的概念框架与模式设计 [J]. 现代教育技术，2014（8）：5-12.

[58] 黄荣怀，杨俊锋，胡永斌. 从数字学习环境到智慧学习环境：学习环境的变革与趋势 [J]. 开放教育研究，2012，18（1）：75-84.

[59] 张永和，肖广德，胡永斌，等. 智慧学习环境中的学习情景识别：让学习环境有效服务学习者 [J]. 开放教育研究，2012，18（1）：85-89.

[60] 北京师范大学教育部. 北京师范大学—阿萨巴斯卡大学首届智慧学习环境国际研讨会举行 [J]. 教育学报，2012，8（1）：121.

[61] 黄荣怀，张进宝，胡永斌，等. 智慧校园：数字校园发展的必然趋势 [J]. 开放教育研究，2012，18（4）：12-17.

[62] 陈卫东，叶新东，许亚锋. 未来课堂：智慧学习环境 [J]. 远程教育杂志，2012，30（5）：42-49.

[63] 王运武. "数字校园"向"智慧校园"的转型发展研究：基于系统思维的分析思辨视角 [J]. 远程教育杂志，2013，31（2）：21-28.

[64] 罗刚淮. 从"微课 微型课题 微型讲座"例谈教师的教学研究 [J]. 学校党建与思想教育，2012（20）：47-49.

[65] 龙镇. 微课来了打破传统课堂的框框 [N]. 广东科技报，2013-02-01（005）.

[66] 梁乐明，曹俏俏，张宝辉. 微课程设计模式研究：基于国内外微课程的对比分析 [J]. 开放教育研究，2013，19（1）：65-73.

[67] 王俊宏. 电子书包的发展及其设计 [J]. 中国教育信息化，2012（2）：93-94.

[68] 毛迪. 探究电子书包在教学中带给我们的变革 [J]. 课程教育研究，2012（15）：11-12.

[69] 郁晓华，祝智庭. 电子书包作为云端个人学习环境的设计研究 [J]. 电化教育研究，2012，33（7）：69-75.

[70] 廖俊翔. 中学物理中利用虚拟现实技术进行探究式教学的研究 [D]. 成都：四川师范大学，2012.

[71] 那一沙，袁玫，吴子东. 教学设计研究综述 [J]. 西南交通大学学报（社会科学版），2013，14（3）：109-113.

[72] 陈善为，齐秀芝. 从翻转课堂看教育技术在基础教育中作用及启示 [J]. 软件导刊（教育

技术），2014，13（6）：6-7.

[73] 黎加厚. 微课程教学法与翻转课堂的中国本土化行动[J]. 中国教育信息化，2014（14）：7-9.

[74] 刘强，周林，郭珂. 基于翻转课堂的教学评价体系研究综述[J]. 高等建筑教育，2016，25（5）：44-48.

[75] 王娟. 翻转课堂教学模式的研究综述[J]. 法制博览，2016（29）：237.

[76] 邓东元. 中国教育改革中的慕课（MOOC）发展研究综述（2012—2018）[J]. 昆明理工大学学报（社会科学版），2019，19（1）：76-83.

[77] 黄本涛. "一师一优课"晒课活动总结与反思：以"资源的跨区域调配 以南水北调为例"一课为例[J]. 地理教学，2016（3）：34-37，29.

[78] 赵铭，赵华. 一师一优课：国家优质资源库建设的几点思考[J]. 化学教与学，2017（5）：6-10.

[79] 马陆亭，张伟，鞠光宇，等. 加快推进教育和人工智能的融合发展[J]. 国家教育行政学院学报，2019（12）：3-8，33.

[80] 孙发勤，董维春. 基于学习分析的在线学习用户画像研究[J]. 现代教育技术，2020，30（4）：5-11.

[81] 申莹. 新课程改革下的高中语文个性化教学探究[J]. 课程教育研究，2016（11）：61-62.

[82] 杜雪娇. 关于课堂教学中学生个性化教学的运用研究[J]. 课程教育研究，2016（2）：196.

[83] 王梦倩，范逸洲，郭文革，等. MOOC学习者特征聚类分析研究综述[J]. 中国远程教育，2018（7）：9-19，79.

[84] 陈之腾. 为驱动终身教育生态变革赋能 上海在线学习者AI画像白皮书发布[J]. 上海教育，2019（36）：65.

[85] 麻益通. 基于多模态的在线学习情感分析模型设计与实现[D]. 南京：南京师范大学，2019.

[86] 计琳. 卡内基梅隆大学计算机学院教授汤姆·米切尔（Tom Mitchell）：人工智能助力智适应教育[J]. 上海教育，2019（25）：37.

[87] 李海峰，王炜. 人工智能支持下的智适应学习模式[J]. 中国电化教育，2018（12）：88-95，112.

[88] 章伟，郭立军. 人工智能支持下的个性化精准教与学模式探索[J]. 安徽教育科研，2020（7）：7-8，32.

[89] 房晓楠. 松鼠 AI 的"AI+ 智适应教育"之路该如何走？[J]. 机器人产业，2019（1）：80-84.

[90] 佚名. SMART 进军中国智慧教育市场[J]. 中国现代教育装备，2018（16）：2.

[91] 何易立，文厚润. 我国区域智慧教育政策内容分析[J]. 中国教育信息化，2020（1）：23-26，45.

[92] 杨小珍，林雯. 国内智慧课堂的研究热点与趋势：基于 CiteSpace 的可视化分析[J]. 中国教育信息化，2018（23）：15-20.

第二章

多视角下的智慧教育

第一节 智慧教育的理论体系

　　教育是一个伴随人类生产劳动而产生的古老而又崭新的社会现象，是培养人的一种社会活动[1]。教育起源于人类参与社会生活和自身发展的需要，它的发展受社会生产力和科学技术发展水平的制约和影响。农耕时代，土地和简单劳动力是主要的生产资料，犁和锄头是核心生产工具。此时，中西方教育大体一致，官方教育主要是培养官员等服务于国家和政治的人，民间教育主要靠私塾来提供[2]。工业时代，资本和能源是主要的生产资料，大型机械设备是核心生产工具。学校教育国民化、基础教育义务化、高等教育大众化和教育科学化是工业时代教育的基本特点[3]。信息时代，信息和知识是主要的生产资料，计算机和互联网是核心生产工具。世界范围内，教育信息化成为推动教育改革与发展的主要力量[4]。随着大数据、物联网、云计算、移动互联网等技术的迅速发展，国内外IT企业，如IBM、华为、腾讯、方正等纷纷运用物联网等技术布局教育领域，一些学者利用云平台提出教育解决方案，此时，教育被赋予了"智慧"的新内涵，智慧教育成为人们关注的焦点。

人们在紧锣密鼓地推进智慧教育规划与实施的前期过程中，对智慧教育的理解仍然存在一些"模糊"的地方。为此，本书对智慧教育的内涵及其系统构成进行了梳理。顾明远指出，教育现代化包括教育思想的现代化、教育制度的现代化、教育内容的现代化、教育设备和手段的现代化、教育方法的现代化、教育管理的现代化，呈现出教育的民主性和公平性、终身性和全时空性、生产性和社会性、个性和创造性、多样性和差异性、信息化和创新性、国际性和开放性、科学性和法制性等基本特征[5]。国内著名教育技术专家祝智庭对智慧教育进行追本溯源和系统梳理，认为智慧教育是当代教育信息化的新境界，是素质教育在信息时代、知识时代和数字时代的深化与提升，并对智慧教育进行图式建构，指出智慧教育以智慧学习环境为技术支撑、以智慧学习为根本基石、以智慧教学法为催化促导[6]。基于我国教育信息化的快速发展，黄荣怀等[7]提出了智慧学习环境的概念，构建了智慧学习环境的系统模型，描述了智慧学习环境具有记录学习过程、识别学习情景、感知学习物理环境、连接学习社群及促进轻松的、投入的和有效的学习等五维特征。杨现民等[8-9]从教育和技术两个方面分析了智慧教育的特征，并给出了智慧教育的整体架构，指出智慧教育的教育特征与技术特征，提出了"一个智慧教育云中心，支持学校教育的智慧校园和支持终身教育的学习型智慧城区的两类智慧教育环境，学习资源库、开放课题库及管理信息库三个智慧内容库，物联网、大数据、云计算、泛在网络四个智慧技术支柱，以及教师、学生、家长、教育管理者和社会公众五类核心用户"的智慧教育系统架构。随着技术的发展，教育与技术的结合日益紧密，2019年，在《北京共识——人工智能与教育》中各方专家一致认为，人工智能技术是重构教育生态的一种重要手段。

整体分析，与数字教育相比，智慧教育呈现出智能化、融合化、泛在化、个性化与开放协同的特征；与教育信息化相比，智慧教育是教育发展的新境界，是教育现代化追求的重要目标。

第二节　智慧教育的技术体系

技术是教育变革的重要力量。造纸术、印刷术的发明改变了口口相传的教育模式，信息技术的发展使得学习不受时空限制，人工智能技术的发展推动精准化、个性化教学技术的发展，智慧教育成为当前和未来教育的主要方式。智慧学习环境是实施智慧教育的基础，主要由智慧校园、智慧教室、智慧实验室和智慧图书馆组成。学习者可以借助智慧学习环境实现个性化、自适应学习；教学者可以借助智慧学习环境实时掌控学习者的学习状态，动态调整教育内容和教学方法，实现精准化教学；管理者可以借助智慧学习环境更加直观地查看所辖范围内的教育资源配置状况、任意时间段各个学校的运行状况、所有教育设备及资产的运行状况，以及各地区、各学校的教育发展统计报表等，有利于教育的均衡发展和科学决策；家长可以借助智慧学习环境全面了解孩子的在校学习环境、学习情况及学校各类信息[9]。智慧教育的发展离不开物联网、云计算、泛在网络、大数据等技术在教育领域的创新应用。

一、物联网技术提升教育环境与教学活动的感知性

以智慧校园为代表的智慧学习环境中的通信技术是以计算机与通信技术底层通信协议为基础而迅速发展起来的[10]，智慧学习环境利用物联网PAD、智能设备的RFID、传感器GPS、PLC等感知与识别信息，获取音频、视频、图像等，由ZigBee、NFC、蓝牙近距离传播到泛在传感网络（USN），其中物联网是基础。从定义上来讲，物联网就是物物相连的互联网。从架构上来讲，物联网有3个层次：获取物体信息的感知层、传递物体信息的网络层和实现智能化识别、定位、跟踪、监控和管理的应用层。基于物联网技术，智慧学习环境中的位置、温度、湿度等学习环境数据被感知收集，学生的学习风格、学习动机、学习情绪、学习习惯、学习生理数据等个性化信息被收集存储，通过分析这些信息，为学生提供个性化、自适应性的学习环境和教学服务[11]。同时，基于物联网技术，

学校的出入管理、宿舍管理、考勤管理、会议管理、设备共享都实现了自动高效的管理与个性化服务。

二、云计算技术拓展教育资源与教育服务的共享性

云计算技术是并行计算、效用计算、网络存储、虚拟化、负载均衡等传统计算机和网络技术发展融合的产物，是分布式计算的延伸与拓展。该技术通过网络运行环境将相关虚拟技术结合起来，在网络环境中高效地进行计算[12]。在智慧学习环境中，借助云计算技术与物联网，将相关教学单元的管理、教研及教学设施等设备联系起来，对资源进行分类与整合，实现教育资源的共享。

云计算具有服务弹性化、资源池化、高可扩展性等特征，能将各种网络资源结合起来，统一进行管理与调度，形成信息资源池，不受时间与地域的限制，能够满足师生对教育资源的需求，是智慧教育技术的重要保障。

在当前的智慧教育领域，教育资源共享云、区域云教育、教育机构混合云、校园云是4种主要的教育云部署模式，这些模式提高了教育平台的应用价值，为师生提供高效、便捷的服务体验[13]。

三、泛在网络技术增强教育网络与多终端的连通性

教育环境的智慧化是实现智慧教育的基础，这离不开泛在网络。泛在网络（UN）是指一种自组织类型的网络，包括空间分布的自主传感器设备。这些传感器设备通过网络相互连接，并监视目标区域的环境[14]。

网络信息无缝流动和融通共享成为师生进行连接、发现和分享新知识、新思想的纽带[15]。基于网络，教师可以利用翻转课堂将微课传送到学生终端，或者把需要学生预习的资源放在浏览器端供学生使用。学生通过提前预习，将疑难问题收集起来，与教师在课堂上围绕疑难问题展开探讨，从而激发学生的学习积极性，提高教师的教学效率。

利用网络空间存储、共享及传输学习资源,增加了师生之间资源的连通性,使学生可以提前进行知识建构,营造了一种以人为本的学习环境[16]。

四、大数据技术提高教育管理、决策与评价的智慧性

大数据技术是智慧教育的基础技术力量[17],主要包括教育数据挖掘和学习分析技术,这使教与学的过程得以分析和表征,为教育管理、决策、评价和精准化、个性化教学提供决策依据。

教育数据挖掘技术主要基于机器学习、深度学习和数据挖掘对收集存储的学生学习数据教师教学过程、学生在学校的各类活动数据、教育管理过程数据进行统计、关联、分析,以挖掘影响学校教学活动、学生学习活动和学业成绩的各类因素[18],从而方便管理者实时监控学校整体动态,调整管理策略,实现教师智能监督学生学习并对其进行个性化引导[19]。

在教育大数据、教育云服务和网络学习空间日渐普及的背景下,学习分析技术的应用价值日益凸显,越来越多的教育者和管理机构通过学习分析技术了解学生的学习过程并为其提供更好的支持[20]。学习分析技术是指测量、收集、分析和报告关于学习者及其学习情景的数据,以期了解、优化学习和学习发生的情景。学习分析技术主要包括预测建模、建立学习者档案、个性化和自适应学习、早期干预、社会网络分析、概念分析、情绪分析等技术。当前学习分析技术主要聚焦于学习分析的工具设计与可视化输出、基于学习过程的行为数据预测未来学习表现、学习者参与度注意力与情感研究、教育数据挖掘视角下的形成性评价等。鉴于学习分析技术在实施精准化、个性化教学方面的重要作用,近两年其研究热度一直在上升,研究多集中在美国、加拿大、英国、西班牙、澳大利亚等国家,研究内容主要在研究意义及前景综述、学习分析技术框架路径理论探索、学习分析技术模型探索、教育数据挖掘方法探索、学习分析技术在局部范围内应用验证、学习分析技术工具验证等方面[21-22];国内关于学习分

析技术的研究多集中在理论引介、研究综述、应用模型设计与论证等方面，鲜有实证性研究[23-24]。受学习过程数据采集与处理技术的局限及隐私伦理问题的限制，目前还没有统一、标准、成熟的学习分析技术的理论、框架和方法。

第三节 智慧教育的评价体系

教育评价事关教育发展方向[25-26]。为全面发展素质教育，构建全民终生学习教育体系，培养担当民族复兴大任的德智体美劳全面发展的时代新人，中共中央、国务院先后发布了《关于深化教育教学改革全面提高义务教育质量的意见》[27]和《深化新时代教育评价改革总体方案》[28]，明确建立完善教育质量评价体系，营造良好教育生态，全面提高教育质量。

国际上最著名的三大学生科学与技术素养测评项目为 PISA（Program for International Student Assessment）[29]、NAEP（National Assessment of Educational Progress）[30]、TIMSS（the Trends in International Mathematics and Science Study）[31]。为引导全社会树立科学全面的教育质量观，顺应课程改革的趋势和国际教育策略与评价的形势，我国于 2007 年开发了自己的国家教育质量评估项目 NAEQ（National Assessment of Educational Quality）[32]，旨在全面测评义务教育阶段学生学业质量、身心健康及变化情况，深入分析其影响因素，为推动基础教育改革和发展提供参考。NAEQ 参照国家义务教育课程标准，检测四年级至八年级学生的全面发展状况，测试内容包括语文、数学、科学、体育、德育和艺术共 6 个学科领域。素养标准对于设置科学合理的课程体系、培养全面发展的人才具有重要的引导作用。国内学者围绕学生科学素养、信息素养、技术素养，分别从素养内涵、结构、测评工具等方面展开研究，并对部分地区学生的技术素养展开实际调查[33]。其成果主要是梳理了科学素养内涵[34-35]和技术素养内涵[36]，在理论层面构建了科学素养、信息技术素养的测评框架及模型[37]，提出了信息素养参考标准等[38-39]。

当前，人工智能与教育深度融合，深度学习是新时代教育教学的新要求，促进学生深度学习已成为国内外教育技术发展的重要目标[40]。为此，原有的评价方式已不能满足当前智慧学习环境下的评测需求。随着智慧教育的发展，着眼于对学生学习过程及学生主体全面性、个体差异性的评价成为智慧教育教学评价观的主流[41]。在评测层面上，智慧教育评价方法突破了传统评价中只关注学科的局限，综合了认知、能力、情感等社会层面的因素；在评测方法上，由浅层学习向深度学习发展；在评测因素上，学生的学习动机、学习参与度、思维与能力发展、学业成绩等均成为学习评价的重要因素[42]；在评测范式上，智慧课堂评价的多元化、评价内容的个性化、评价方式的多样化逐步成为评测设计的要点[43]。随着计算机视觉、语音识别等人工智能技术的发展，利用学习记录平台开展全程全息评价、多元评价、自主评价及发展性评价在教育评价领域取得了显著效果[44]。当前，教育数据挖掘技术、学习分析技术为解析学习者学习过程的知识建构模式、认知发展规律、情感发生机制，以及学习者知识技能水平等特征提供了技术保障[45]。在智慧学习环境下，为实现对学习者创新实践能力的科学、全面、准确评测，需要构建精准的学习者模型[19, 46-47]。利用人工智能、大数据等现代信息技术，探索开展学生各年级学习情况全过程纵向评价、德智体美劳全要素横向评价，完善评价结果运用，综合发挥评价结果的导向、鉴定、诊断、调控和改进作用[27]，是有效落实教育评价改革的重要抓手。

参考文献

[1] 黄济. 对教育本质的再认识 [J]. 中国教育学刊，2008（9）：1-4, 23.

[2] 黄荣怀，刘德建，刘晓琳，等. 互联网促进教育变革的基本格局 [J]. 中国电化教育，2017（1）：7-16.

[3] 易凌云.互联网教育与教育变革[D].武汉：华中师范大学，2017.

[4] 左明章，卢强.区域教育信息化协同推进机制创新与实践[J].中国电化教育，2017（1）：91-98.

[5] 顾明远.试论教育现代化的基本特征[J].教育研究，2012，33（9）：4-10，26.

[6] 祝智庭，贺斌.智慧教育：教育信息化的新境界[J].电化教育研究，2012，33（12）：5-13.

[7] 黄荣怀，杨俊锋，胡永斌.从数字学习环境到智慧学习环境：学习环境的变革与趋势[J].开放教育研究，2012，18（1）：75-84.

[8] 杨现民.信息时代智慧教育的内涵与特征[J].中国电化教育，2014（1）：29-34.

[9] 杨现民，余胜泉.智慧教育体系架构与关键支撑技术[J].中国电化教育，2015（1）：77-84，130.

[10] 陈金华，陈奕彬，彭倩，等.面向智慧教育的物联网模型及其功能实现路径研究[J].电化教育研究，2019，40（12）：51-56，79.

[11] 罗宁.基于物联网的智能时代通识教育信息化改革探究：评《智慧教育：物联网之教育应用》[J].科技管理研究，2020，40（13）：251.

[12] 潘巍.云计算技术在智慧教育中的运用分析[J].信息与电脑（理论版），2020，32（8）：235-237.

[13] 毛宏燕，姜宁康，赵慧.基于云计算的混合式实践课程教学研究[J].计算机教育，2020（10）：144-147.

[14] 李盈，周伟，谢忠新.探路泛在网络环境下的智慧教育[J].中国教育网络，2019（1）：65-66.

[15] 黄阳，吴昊.智慧教育玩出智慧：让学习更科学、更快乐、更高效——第二届游戏化学习与智慧教育国际会议解读与思考[J].中小学信息技术教育，2018（5）：84-88.

[16] 郑琦.融合泛在网络与物联网技术的职业院校智慧校园建设研究[J].延安职业技术学院学报，2020，34（4）：53-56.

[17] 祝智庭，彭红超.技术赋能智慧教育之实践路径[J].中国教育学刊，2020（10）：1-8.

[18] 中杰.基于经典算法的教育大数据挖掘实践研究[J].计算机时代，2020（10）：9-11，14.

[19] 沈欣忆，刘美辰，吴健伟，等. MOOC 学习者在线学习行为和学习绩效评估模型研究[J]. 中国远程教育，2020（10）：1-8，76.

[20] 罗纯，杨晗，李海雯，等. 数据挖掘在人工智能自适应教育领域中的应用[J]. 应用技术学报，2020，20（3）：290-295.

[21] MARTÍNEZ J P C，CATASÚS M G，FONTANILLAS T R. Impact of using learning analytics in asynchronous online discussions in higher education[J]. International journal of educational technology in higher education，2020，17（1）：1-18.

[22] BROWN M，KLEIN C. Whose data？Which rights？Whose power？A policy discourse analysis of student privacy policy documents[J]. The journal of higher education，2020，91(7)：1149-1178.

[23] 张涛，张思. 教育大数据挖掘的学习者模型设计与计算研究[J]. 电化教育研究，2020，41（9）：61-67.

[24] 刘清堂，贺黎鸣，吴林静，等. 智能时代的教育文本挖掘模型与应用[J/OL]. 现代远程教育研究，2020：1-9[2020-10-28]. http://kns.cnki.net/kcms/detail/51.1580.G4.20200921.1544.016.html.

[25] 胡浩. 改革教育评价　回归教育初心[N]. 江西日报，2020-10-26（11）.

[26] 周洪宇. 深化新时代教育评价改革[N]. 中国社会科学报，2020-11-30（005）.

[27] 中共中央，国务院. 深化新时代教育评价改革总体方案[EB/OL].（2020-10-13）[2021-05-13]. http://www.moe.gov.cn/jyb_xxgk/moe_1777/moe_1778/202010/t20201013_494381.html.

[28] 中共中央，国务院. 关于深化教育教学改革全面提高义务教育质量的意见[EB/OL].（2019-06-23）[2021-05-13]. http://www.moe.gov.cn/jyb_xxgk/moe_1777/moe_1778/201907/t20190708_389416.html.

[29] FENSHAM P. Program for International Student Assessment（PISA）[M]. The Netherlands：Springer，2015.

[30] KENYON D M，FARR B Y，MITCHELL J，et al. National assessment of educational progress[M]. Mauritius: Betascript Publishing，2000.

[31] MCCOMAS W F.The Trends in International Mathematics and Science Study（TIMSS）[M]. Boston：Sense Publisher，2014.

[32] 詹青青.国内外义务教育质量监测项目的比较及启示[J].现代教育丛书，2016（1）：76-82.

[33] 张沿沿，顾建军，徐维炯，等.对我国8省市区义务教育阶段学生技术素养的调查与研究[J].华东师范大学学报（教育科学版），2018（6）：29-43.

[34] 曾碧，颉静.中小学学生科学素养框架的构建与实现路径[J].陕西学前师范学院学报，2018，34（4）：23-26.

[35] 王泉泉，魏铭，刘霞.核心素养框架下科学素养的内涵与结构[J].北京师范大学学报（社会科学版），2019，272（2）：52-58.

[36] 杨国海，张增常.信息技术素养的内涵及测评框架[J].湖北民族学院学报（哲学社会科学版），2012，30（2）：149-152.

[37] 张辉蓉，杨欣，李美仪，等.初中生信息技术素养测评模型构建研究[J].2017，368（9）：33-38.

[38] 钟志贤.面向终身学习信息素养的内涵、演进与标准[J].中国远程教育，2013（8）：21-29.

[39] 明桦，林众，罗蕾，等.信息素养内涵与结构的国际比较[J].北京师范大学学报（社会科学版），2019（2）：59-65.

[40] 陈蓓蕾，张屹，杨兵，等.智慧教室中的教学交互促进大学生深度学习研究[J].电化教育研究，2019，40（3）：90-97.

[41] 吴晓静，傅岩.智慧课堂教学的基本理念[J].教育探索，2009（9）：11-13.

[42] 李祎，钟绍春，周拓.信息技术支持下的小学数学智慧教学模型研究[J].中国电化教育，2016（11）：128-133.

[43] 刘军.智慧课堂："互联网+"时代未来学校课堂发展新路向[J].中国电化教育，2017（7）：14-19.

[44] 陈琳，陈耀华，李康康，等.智慧教育核心的智慧型课程开发[J].现代远程教育研究，

2016（1）：33-40.

[45] 祝智庭，俞建慧，韩中美，等. 以指数思维引领智慧教育创新发展[J]. 电化教育研究，2019，40（1）：5-16，32.

[46] 庞敬文，张宇航，唐烨伟，等. 深度学习视角下智慧课堂评价指标的设计研究[J]. 现代教育技术，2017，27（2）：12-18.

[47] 李浩，余雪，杜旭，等. 基于学习者时空特征的移动学习资源推荐模型研究[J]. 现代教育技术，2020，30（10）：13-19.

◦ ◦ ◦ ◦ 第三章

智慧教育的数据与场景

  "智慧教育"最早源于"智慧地球"。"智慧地球"应用物联网、移动通信、智能分析等新一代信息技术，促进世界更全面地互联互通，改变政府、企业和人类的生产、协作与管理方式，让所有事物、流程、运行方式都实现更深入的智能化，最终让人类能够更透彻地感应和度量世界的本质和变化。同样，智慧教育是将信息技术应用到教育领域，从而改变教育模式，更新教育理念，提升教育系统的效率和智能化程度。本章将围绕教育大数据技术与应用、VR/AR、5G 等信息技术在教育领域的创新应用，以及智慧学习环境的构建与应用等方面展开阐述，展现智慧教育的数据产生、数据感知、数据处理及服务教育的全过程。

第一节 在线教育

  在线教育萌芽于互联网技术[1]。随着 5G、大数据、新一代人工智能技术在教育行业的应用[2-5]，以及人工智能时代个性化学习需求的不断增长[6]，在线教育在我国飞速发展[7]。自 2015 年至今，"互联网""在线教育""互联网+教育""网络教育"等多次出现在我国的政府工作报告中[8-11]。新一代人工智能技术推动社会变革,终身学习成为每位社会成员适应社会发展和实现个体发展的"法宝",在线教育已上升到国家战略地位。本节重点对在线教育的发展现状、发展趋势、面临挑战及未来发展建议进行阐述。

在中国,在线教育最早可以追溯到20世纪90年代某些高等院校开设的现代远程教学[12-13]。2000—2010年,随着网速的提高,以视频课件形式为主的在线教育模式出现[14]。为提高教育质量,促进教育公平,推进信息技术与教育教学深度融合,近几年,教育部先后发布《教育信息化十年发展规划(2011—2020年)》《教育信息化2.0行动计划》《关于促进在线教育健康发展的指导意见》等教育政策。在教育政策的支持下,我国在线教育得到迅速发展,并逐步延伸到K-12、职业培训、高等教育、终身教育等各个领域。内容服务型、平台服务型、工具服务型及综合服务型在线教育培训大量涌现[15]。鉴于在线教育具备不受时空限制、快速、及时、可重复、费用低廉等优点,且具有直播、录播、在线研讨、翻转课堂、微课等多种形式,能满足不同个性化学习需求,我国在线教育用户规模持续扩大,且正在从一、二线城市向三、四线城市延伸。在新冠肺炎疫情的影响下,截至2020年3月,我国在线教育用户规模达4.23亿,市场规模达到4358亿元。

然而,在线教育受课程质量不一、网络宽带及硬件设备性能限制、师生不能现实直接接触、网络安全[16]等因素的影响,也存在着公众对其教育质量的质疑、学习者在线学习流畅度不佳、在线教师角色与责任模糊、中小学生直面网络污染风险增加及在线教育产品缺乏知识产权保护等诸多挑战[17]。

综上所述,在线教育因能满足学习者开展弹性学习和自主个性化学习的实际需求,是一种保障学习者实现终身学习的重要学习形态[18],故其将会成为未来教育中必不可少的教学手段[19]。面对在线教育发展和应用过程中的诸多挑战,在线教育教科院及开发人员在开发在线教育课程的过程中,需要重点关注以下几个方面。

①在课程设计方面,需要将课程设计标准与传统的建构主义教学理论、联通主义教育理论及协作学习理论等基础教育理论相结合[20],使课程与学生认知能力相符合,提高学生的学习兴趣和积极性,保证在线教育课程质量。

②在课程开发方面,需要多采用新一代人工智能技术[21-23],以增强课程的互动性和协作性。

③在在线教育整体课程质量保障方面,需要加强对课程产品备案情况、教学时长、教学内容的监督与管理。

④在在线教育师资方面,需要加强在线教师的培养与考核[24],提升在线教师的专业知识、专业能力、专业伦理、教学能力及教学诊断能力等。

⑤在在线教育课程知识产权保护方面,需要建立、完善相关在线教育知识产权保护法,保护在线教育产品相关利益人员的权益,促进在线教育的良性发展[25]。

第二节 教育大数据

教育大数据是智能时代驱动教育发展的新引擎。教育大数据平台提供数据基础,教育大数据以"自下而上"的新模式挖掘发现学习内容、教学方法等与学习效果间的关联关系,学习分析提供"自上而下"的对学习的解释、预测及评价。仅依靠教育大数据挖掘进行教育会片面扩大数据的作用,形成类似"盲人摸象"的数据决定论;仅依靠人类经验与智慧进行教育会片面扩大主观的作用,形成类似"主观臆断"的经验决定论。唯有通过人机协同,把数据挖掘与学习分析相结合,把人类的智慧与数据智能相结合,才是实现基于教育大数据的新时代教育革新的必由之路。

一、背景及定义

联合国在 2012 年发布的大数据白皮书 *Big Data for Development: Challenges & Opportunities* 中指出,大数据的出现将会对社会各个领域产生深刻影响;美国教育部于2012年发布的报告《通过教育数据挖掘和学习分析促进教与学》中指出对教育大数据的挖掘与分析可以促进美国高等院校及K-12学校教学系统的变革[26]。2015年,国务院发布的《促进大数据发展行动纲要》中指出,数据已成为国家基础性战略资源[27],并在启动的十大工程之一"公共服务大数据工程"中明确提出要建设教育大数据。

目前,教育大数据的重要性已经提升到国家战略层面[28],教育大数据中心建设和区域数据共建共享应用成为主要的建设模式,对个体学习全过程数据分析和精准数据评测学习成为主要的应用场景,通过宏观和微观两个方面的建设,使教育领域得到广泛关注和重视。

教育大数据是面向教育全过程时空的多种类型的全样本数据集合,具有实时性、连续性、综合性和自然性,可使用不同的应用程序来分析和处理不同复杂度和深度的数据[29-30]。最早从产生教育大数据的主体出发,将教育大数据分为广义和狭义两类。广义的教育大数据指所有来源于日常教育活动中的人类行为数据;狭义的教育大数据指学习者的行为数据。

教育大数据包含3层含义:①教育大数据是教育领域的大数据,是面向特定教育主题的多类型、多维度、多形态的数据集合;②教育大数据是面向教育全过程的数据,通过数据挖掘和学习分析支持教育决策和个性化学习;③教育大数据是一种分布式计算架构方式,通过教育大数据平台及数据共享的各种支持技术达到共建共享的目的。教育大数据不仅仅是建设教育大数据中心、分析全过程学习数据,更是一种共享的生态思想。

二、框架

教育大数据的处理流程包括数据采集、数据处理、数据分析与展现、数据应用服务4个环节。如图3-1所示,通过数据传输接口,教育数据采集层将采集到的各类教育数据传递给教育数据处理层,并通过数据整合、存储形成教育数据平台,基于该教育数据平台,教育数据分析与展现层可实现教育数据的可视化展现和大数据的分析与挖掘，并将分析结果通过数据接口传递给教育数据应用服务层[31]。安全与监控贯穿整个流程，以保证教育数据各个环节的安全性和可控性；标准与规范则是整个框架的基础，以保障各个环节之间及整个系统之间教育数据的融通与共享[32]。

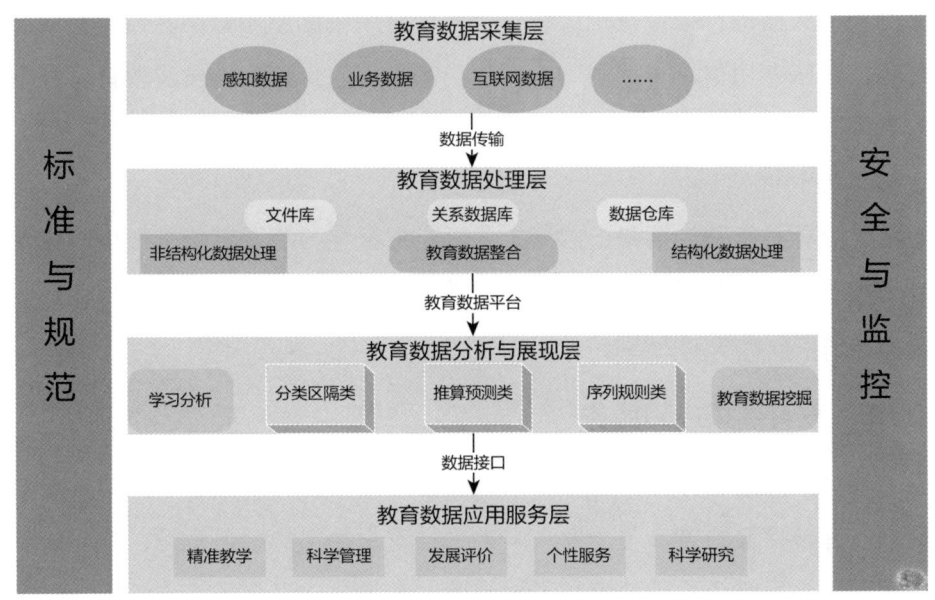

图 3-1　教育大数据技术框架

（一）教育数据采集

教育数据采集涉及的关键技术包括数据源的选择和高质量原始数据的采集方法、多源数据的实体识别和解析方法、数据清洗和自动修复方法、数据演化的溯源管理，以及数据加载、流计算、信息传输技术等。

（二）教育数据处理

教育数据处理环节包含数据整合和数据存储。其中，数据整合是指通过高质量的数据整合方法，对数据进行加工处理，并在尽可能保留原有语义的情况下去粗取精、消除噪声，从全局的角度保证数据的一致性和相关性；数据存储是所有数据的集中存放地,主要用来存放各种结构化、半结构化和非结构化的历史数据、预测数据、汇总数据及需要共享的数据等。

(三)教育数据分析与展现

1. 教育数据挖掘

对教育数据进行挖掘是一个将来自各教育系统的原始数据转换为有用信息的过程,这些有用信息可为教师、学生、家长、教育研究人员及教育软件系统开发人员所利用[33]。

2. 学习分析

学习分析是指通过测量、收集、分析、汇报学习者及其所处环境的数据,来理解和优化学习及学习环境。目前,学习分析领域常用的分析方法包括网络分析法、话语分析法和内容分析法[34]。

(四)教育数据应用服务

对教育大数据进行分析可以辅助教师更好地调整和改进教学策略,重构教学计划,完善课程的设计与开发,向学生推荐个性化的学习资源、学习任务、学习活动和学习路径;帮助家长更加全面、真实地认识孩子,与学校一起促进孩子的个性化成长;帮助教育管理者进行更科学的管理决策;帮助社会公众把握教育的发展现状,使其享受更具针对性、更适合自己的终身学习服务[35]。

三、应用

(一)行业开发

基于大数据的个性化教学、科学化评价、精细化管理、智能化决策、精准化科研等将对促进教育公平、提高教育质量、培养创新人才产生不可估量的作用。大数据是信息技术最新发展成果的典型代表,是工业4.0等各个行业新一轮重大变革浪潮的主要推手,如今也对教育行业产生了重大影响。大数据以其独特的功能及优势应用于教育领域,开启了教育科学发展的新时代,推动了教育领域的众多变革。数据驱动教育创新和变革已成为不可更改的趋势[36]。

美国奥斯汀佩伊州立大学针对多元化的学生结构,采用"学位罗盘"个性化课程推荐系统,利用学习分析技术分析所匹配学生的过往成绩与课程表之间的相关性,预测该学生未来在该课程取得的成绩,从而帮助每个学生选择最适合自身发展的课程,最终达到提升学业表现的目的。

此外,麻省理工学院和哈佛大学的学者还对大规模的在线课程平台的教学视频操作行为进行分析,从中探寻学习者学习过程中的若干共性,并对这些共性与视频课程的呈现内容及方式进行相关分析,将其作为后续改善教学内容设计及呈现方式的重要依据。

在国内,教育大数据的发展还处于初步探索阶段,随着教育大数据应用的不断深入,基于教育大数据的教育模式也正在改革创新过程中。其中,有些教育集团公司通过校内的信息化建设和教育服务,对学生的学习行为、过程、结果数据进行采集、挖掘、分析,为后续校外的升学及职业教育业务、国际教育业务提供数据基础和用户流量导入。某教育集团股份有限公司持续关注K-12校园管理及教学环节的痛点和难点,并提供区域级及单校智慧教育综合解决方案,包括教育管理应用、教学应用和教育云资源库建设,从而推动技术与教育的深度融合,实现资源与各个应用的互联互通。此外,对教师展开信息技术应用能力培训,促进管理效率的提升和教学模式的创新,最终实现因材施教和个性化学习,让每个孩子享有公平而又高质量的教育。

(二)学校应用

中小学校开展教育大数据项目主要有三大动因,分别是持续引领学校整体发展、促进学校教育信息化发展及破解学校教育教学发展难题。在实施模式上,主要采用自发探索式、项目参与式、行政推动式及企业引领式,每种模式各有特色;在实施路径上,主要包括成立教育大数据课题研究团队、做好教育大数据相关技术产品的选型、制定教育大数据项目实施保障制度和机制、积极营造校园教育大数据文化及注重提高全校教职工的数据素养。

各学校在推进教育大数据项目的过程中，常面临教师数据意识相对保守、教师数据处理能力较低、产品技术保障不到位、难以建立统一标准的数据体系等现实难题。学校开展教育大数据项目应避免四大误区，分别是开展教育大数据项目是少数人的事情、教育大数据项目短期投入即可见效、导入教育大数据能够解决一切问题及先获得大量数据再考虑安全问题。

四、挑战

（一）认识论和方法论层面的挑战

教育大数据有可能提供一种新的教育研究与认识对象或一种新的教育研究视角，这在一定程度上丰富了教育研究的认识论与方法论基础。教育大数据能够很大程度地反映它所表征的教育事实和存在，是保证基于大数据的教育研究的可靠性和可信度的前提条件。因此，从认识论和方法论层面来看，教育大数据研究[37]存在两个方面的问题。首先，有多少教育现象在教育大数据中能够得到体现；其次，教育大数据所表征的教育现象和真实世界中的教育现象之间存在多大程度的偏差。相较于传统的教育研究方法，教育大数据不是特别强调因果关系和理论假设，而是更重视在现有数据的基础上进行相关性挖掘与分析，但这种研究路径可能太过开放、随意、无理论导向，容易形成一些理论基础不牢固的研究结论。

（二）数据处理层面的挑战

教育大数据的生成具有一定的社会建构性，同时涉及大量的结构化和非结构化数据，其生成、采集和处理过程都有可能影响数据的客观性。因此，要保证教育大数据研究的客观性和可靠性，首先，要确保所使用的数据具有高质量，这需要发展合适的教育大数据生成、采集、挖掘和分析技术与方法，以获得更高质量、更能表现教育真实情况的数据，并采取更谨慎的辩证思维和批判性方法，对数据之间的关系进行探讨、挖掘和归纳，揭示教育大数据所体现的教育规律；其次，大数据通常是大量的、杂乱的、动态的、异质的、相关联的和非结构化的，在用于教育研究目的之前，需要进行结构化、过滤、清洗和校对等操作；最后，教育大数据的存储、获取、查询、挖掘和分析对计算机的存储能力、计算能力及数据挖掘与分析算法能力都提出了更高的要求。

（三）教育大数据涉及的伦理问题

教育大数据会引发一系列新的伦理问题，涉及身份、隐私、所有权和声誉等方面。身份问题主要涉及教师和学生用户的线上身份和线下身份之间的关系；隐私问题主要涉及计算机能够访问用户的哪些数据，以及通过什么样的方式访问这些数据以实现对用户隐私数据的保护；个体教育及学习数据成为一种新的生产资料或一种新的研究对象，它们的所有权归属能否用于教育研究，及其研究产权的归属问题等成为重要的研究问题；声誉问题主要涉及对数据的信任、合理使用方式，以及如何通过对教育大数据的使用来感知和判断教育公平实现的策略方法。

（四）在数据开放的同时，如何保护数据安全

教育大数据研究需要开放大量的教师及学生的行为数据，这些数据不像传统的调查和访谈类数据那么可控，而且行为主体一般在不知情的情况下发生教学行为和生成数据信息，并被记录下来。例如，在MOOCs环境下，学生大量的学习行为、社会交互数据，以及个人信息被记录下来，在为学习分析提供了可能的同时，也带来了极大的数据泄露风险[38]。因此，基于大数据的教育研究要特别重视可能涉及的个人信息及隐私数据的保护，避免研究对象受到伤害。

五、小结

信息技术的发展推动教育大数据的产生和应用。基于教育大数据的个性化

学习分析和智能决策对促进教育公平、提高教育质量和优化教育治理具有重要的现实意义。当前，学习分析技术在辅助教师掌握班级学习情况、个体学习情况、某个学科整体学习进度等方面取得显著进展。教育大数据在教育管理行为预测、概率预测方面起到重要作用。然而，教育大数据分析还面临着技术、人才、隐私安全、数据异构等多方面的挑战。当前，为解决教育大数据分析所面临的问题，采取的主要举措有优化大数据技术、培养教育大数据人才、加强隐私安全保护、促进多技术融合。

第三节　沉浸式教学

虚拟现实技术是借助计算机、传感器技术创造出的一种人机交互手段，可以模拟出人们在真实世界中的视觉、听觉、味觉和重力等，将复杂、抽象、不可见的事物模拟展示出来，这样的可视化处理可以让人们更加直观、身临其境地了解复杂多样的世界，让人们可以沉浸在计算机设备构建出的虚拟世界里。利用虚拟现实技术，教师能够将教学中抽象的概念和原理融入场景中，生动地展现出来，给学生真实的感受和体验，提升学生的学习兴趣和主动性。目前，虚拟现实技术在教育中发挥了重要的作用，改变了传统教学理念，提升了教育效果和质量。

一、VR 技术概述

虚拟现实技术又称 VR 技术，可借助信息技术和计算机、互联网技术生成一种模拟环境，是计算机图形学、多媒体、通信、人机接口、数字图像处理、人工智能、传感器及人体行为学等多种技术融合在一起的新兴技术[39]。一个具体的虚拟现实系统由五大主要元素构成：一是传感器件，其主要功能是将虚拟环境中的物体的形、动作和声音等根据人体的活动进行相应转换，给用户带来视觉、听觉和触觉等多方面的真实感知体验；二是转换器件，它可以将人的手势、走动等特定动作转化成与虚拟环境相互作用的数据信息,使人的动作能够被虚拟环境察觉;三是虚拟环境发生器,其主要根据用户的需求,生成相应的虚拟环境;四是人,人是虚拟环境中非常关键的元素,只有人存在的虚拟环境才能形成一个有效、完整的反馈环路;五是虚拟环境,虚拟环境发生器生成虚拟环境,并通过传感器件与作用器件与虚拟环境中的人形成交互作用,为用户提供身临其境的体验。

当前的 VR 技术主要有桌面虚拟现实技术、沉浸式虚拟现实技术、增强式虚拟现实技术[40]。桌面虚拟现实技术主要是指用户通过计算机或一些低级的工作站,进行真实的仿真,使用计算机屏幕对虚拟环境进行观察,并通过输入不同的设备代码来与虚拟环境实现交互。沉浸式虚拟现实技术可以给用户完全的虚拟现实体验,能够使参与者真实地融入环境中,使其有一种身临其境的感觉。这种 VR 技术常通过特殊的设备来完成虚拟,如头戴头盔显示器。增强式虚拟现实技术主要是把真实环境和虚拟环境组合在一起,用户既可以看到真实世界,也可以看到叠加在真实世界里的虚拟对象。这一技术让虚拟和现实并存,常用于医学教育可视化、复杂装备维护和维修及文物古迹复原等场景。

二、VR 技术在教育领域的应用

VR 技术由于不受环境、场地、经费、天气等外在因素与条件的限制,不用消耗相关的器材,可以进行反复练习与操作,有效性、经济性、安全性都比较高,因而,在教育领域受到了越来越广泛的欢迎,如图 3-2 所示。利用 VR 技术构建虚拟实验室[41]可以降低实验成本,保障学生执行化工类实验操作的安全,有助于增强学生对抽象及难理解知识的直观感受。虚拟图书馆方便人们阅读,且可以缓解真实图书馆中的拥挤问题。同时,VR 技术在虚拟体育馆、虚拟校园、远程教育中起着重要的作用,实现教育行业成本降低、突破时空限制学习、提高学习趣味性的目的。

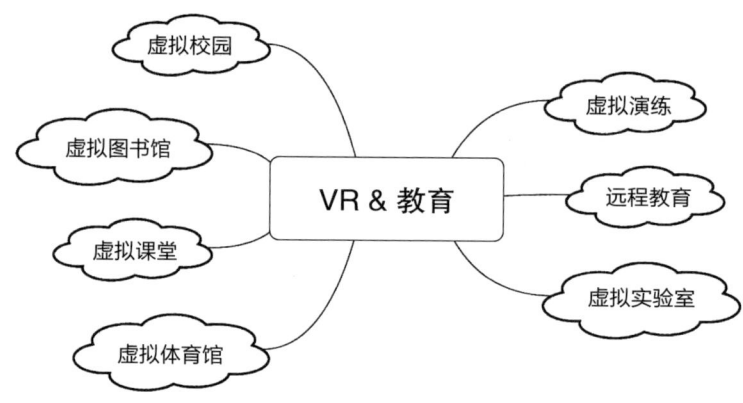

图 3-2　VR 技术在教育领域的应用

三、VR 技术在教育领域应用过程中存在的问题

从技术上来说，在 VR 教育环境中应用虚拟替身包括两个方面：一是需要实时采集人体运动数据并映射到虚拟角色上，即运动采集与重定向；二是虚拟环境根据人的行为做出相应的反馈，即交互。当前，如何实现人体运动的实时高精度采集是主要技术难点。针对 VR 教育中虚拟替身实时运动数据的 4 项要求，包括易于使用要求、鲁棒性要求、实时性要求、真实感要求，当前虚拟替身的运动生成存在以下 4 个方面的问题：

①所采集的运动数据精度欠缺；

②建立高精度运动数据库成本高；

③缺乏通用性的人体运动数据库；

④运动数据库兼容性差。

针对虚拟现实环境中运动数据采集与存储的问题，建立多模态运动数据库[42]是解决当前问题的有效手段之一。

四、小结

VR 技术利用其沉浸、交互和共享等特点，打破时空限制，使人们进入虚拟的环境中，给人以身临其境的感觉。将 VR 技术应用到教育中，弥补了传统教育中的不足，特别是对于太空、人体内部、海洋洋底等一些学生难以达到的区域或一些难以理解的生物、化学结构，学生可以利用 VR 技术实现真实的体验，从而提升学生的学习兴趣和学习效果。当前，VR 技术在教育领域仍然处于试验阶段，在欧美国家主要用于高校实验室、远程虚拟教育实验室，在中国仍然没有大规模的应用，这与投资回报及教育理念有很大的关系。但是，VR 技术凭借其在提高课程参与率、提升学生理解力等方面的重要作用，在教育领域的广泛应用趋势将愈加明显。

第四节　5G+ 教育

5G 是第五代移动通信技术的简称，它与目前使用的 4G 相比，具有 5 个显著的特点，即高速率、低时延、高容量、泛在网、万物互联。

2019 年 6 月，世界移动通信大会在上海召开，论坛上发布的《5G 智慧校园白皮书》提出了教育教学、教育管理、校园生活、雪亮校园、教育评价、5G 特色应用等六大智慧教育应用场景及解决方案，宣称将过利用 5G、云计算、大数据、人工智能等信息技术手段，全面赋能智慧校园建设，这标志着 5G 开启在教育上的应用。

5G 使得人工智能+教育得到更好的实施和展现[43]，其在教育领域的重要应用如图 3-3 所示。5G 与物联网相结合，实现校园物联网位置信息、活动轨迹、学习和运动等数据采集，使校园管理变得方便快捷。5G 与 AR/VR 结合[44]，模拟高难度、难以实现的教学场景，助力高精尖技术培训，还原历史画面，展开实时同步互动的教学。5G 技术的低时延特性极大地提升了教育体验，丰富了教学呈现方式，提高了学习兴趣与效率。5G 与人工智能技术相结合，实现教育数据的实时感知、采集、分析与反馈，以及对学生的无感知服务和教学精细化管理。

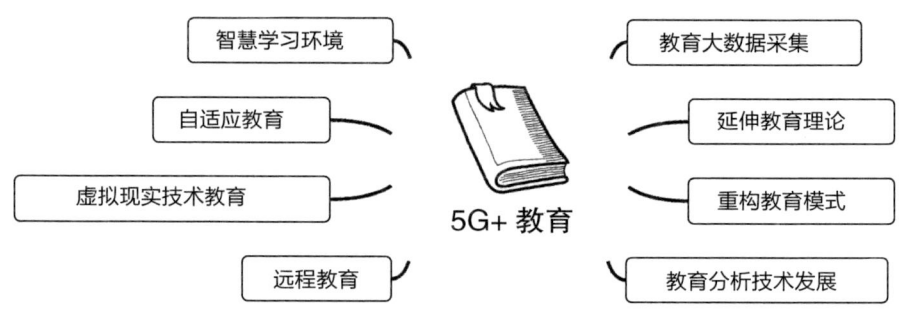

图 3-3　5G 在教育领域的重要应用

从教育理念层面来说，5G 延伸了教育理论[45-46]。在网络视频课程方面，利用 5G 强化效仿、技能体验，加深各种问题的刺激和感知效应，强化刺激与反应的联结，增强实践过程的真实效果。以 5G 为基础的 VR/AR 课程，提升了刺激—反应的逼真性、交互的逼真性、视觉和触觉的感知效果。由此可知，5G 技术在教育领域延伸了行为主义理论。同时，将 5G 技术与人工智能相结合，增强了学生对问题理解的深度，调动了学习者的观察兴趣、批判思维，增强了学习者的创新意识，从这个层面来讲，5G 技术延伸了认知主义教育理论。5G 技术为学生创造了智慧的学习环境，引导学生针对具体的情境，对原有的知识进行再加工和再创造，延伸了建构主义教学理论。

整体来看，5G 在教育上的应用[47-48]存在着几个重要的特点。一是 5G 大大扩展了物联网网络容量。通过物联网应用程序可以帮助教师更方便地获得关于学生学习的各种数据，提高教育的有效性。二是 5G 较低的时延和较高的速度将扩展 VR/AR 的应用，扩大课堂中混合现实内容和视频的容量。预计 5G 的延迟时间将减少到 10 ms 以下，是人眨眼时间的 1/30，这会大大改善 VR/AR 的用户体验，使其成为教师更有用的教学工具。三是视频与远程同步课程会变得非常便捷，将会更好地推动城乡教育资源共享，助力教育公平，降低教育成本。

第五节　智慧教室

随着全球科技的迅猛发展，人工智能技术背景下社会各行业的快速发展对人才的培养提出了新的要求[49-50]，教育正从以教师为核心的模式走向以学生为核心的模式，传统的教室与学习环境已经不能满足当前社会培养创新型人才的需求，因此，智慧教室应运而生，并以其高效、开放、共享、交互、协作等优点获得人们的青睐，引发了人们对智慧教室的研究与应用热潮[51-52]。本章将对智慧教室的定义、功能、应用及发展过程中面临的挑战进行一一阐述。

一、智慧教室的定义

目前，国内外学者对智慧教室没有完全统一的定义。我国黄荣怀等[53]用5个维度特征来描述智慧教室的概念模型：内容呈现、环境管理、资源获取、及时互动、情境感知。陈卫东等[54]指出，所谓智慧教室，"就是一个能够方便对教室所装备的视听、计算机、投影、交互白板等声、光、电设备进行控制和操作，有利于师生无缝地接入资源及从事教与学活动，并能适应包括远程教学在内的多种学习方式，以自然的人机交互为特征，依靠智能空间技术实现的增强型教室"。清华大学聂风华等[55]认为，智慧教室是为教学活动提供智慧应用服务的教室空间及其软硬件装备的总和。也有观点认为，智慧教室是一个完全自服务、用户友好的教和学环境，可以辅助教师高效配置课程资源。

综合来看，智慧教室是一种以教与学为中心的、以培养具有创新意识和创新能力人才为目标的，以计算机、通信、传感、网络、多媒体、物联网、云计算、大数据等信息技术为支撑建立起来的智慧学习环境。这种智慧学习环境能使师生无缝接入资源，方便教师、学生进行人机/人人交互，优化教学内容，能感知并自动调节情景，能录播、直播教学情况，为教师提供便捷、高效的教学环境，满足学生自主学习、体验式学习、探究式学习、合作学习的需求，为教师的引导式教学、个性化精准教学服务，促进教育公平，提升教育质量，促进人的全面、自由、个性发展。

二、智慧教室的功能

从智慧教室的定义和应用来看，智慧教室最大的特点就是具有很强的智能化和交互性。从当前智慧教室的构建、应用来看[56]，智慧教室主要包括课堂演示系统、教学资源支撑和应用系统、课堂环境感知系统、课堂实时录播系统、可视化的设备管理系统、智能云盘系统、课堂教学分析和共享系统、学生管理系统等（图3-4）。

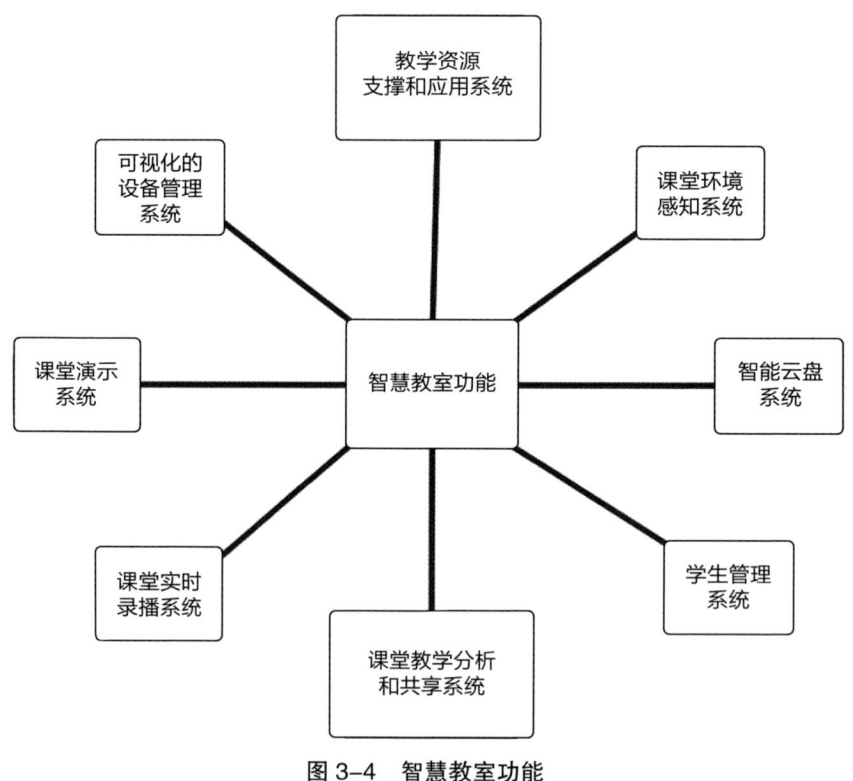

图 3-4　智慧教室功能

① 教学资源支撑和应用系统：将慕课、微课、多媒体课件等信息化课程资源和应用平台相结合，形成功能多样的教学资源；教师可以轻松实现翻转课堂、

在线教育等现代化教学模式，激发学生的学习兴趣；支持课堂教学精品录播、常态化录播、督导巡课、直播和点播等功能。

②课堂演示系统：主要硬件设施包括高清短焦距投影仪、电子白板、音响、电脑终端、电子教鞭等，具有播放实时视频、PPT 演示、白板触摸书写、高质量广域音频输出等功能，能实现多种方式的课堂教学资源展示和操作。

③课堂环境感知系统：采用物联网基础架构，将教室内的灯管、空调、窗帘、消防设施、电子门锁等与校园控制中心互联，能够根据天气情况自动调节室内温度，随着室外光线的变化调整照明，在播放 PPT 时自动关闭窗帘等。电子门锁与门上摄像头联动，可根据人脸识别控制门锁，解决忘带钥匙无法进入教室的问题。

④课堂实时录播系统：为使学生在课后能够重新观看课堂教学内容，智慧教室应具备高清的课堂教学实录功能。通过教室内的多角度摄像头、音频采集设备，将视频内容进行自动剪辑和合成，并上传到校园课堂服务器，学生可使用教学平板电脑等对课堂视频进行回放。

⑤课堂教学分析和共享系统：主要包括学生平板电脑、监控摄像头、AI 计算主机等硬件设备，能够通过教师电脑向学生平板电脑分发题目并接收答题情况，监控摄像头可在线实时向 AI 计算主机传送课堂内学生照片，AI 计算主机可对学生表情、课堂纪律、课堂氛围等进行计算和评价，生成课堂教学效果报告。同时，学生的课堂答题情况将及时向学生平板电脑进行反馈。课堂实时录播系统生成的视频文件可分发至校园网存储设备，供学生和其他教师观看。

⑥学生管理系统：为防止学生利用平板电脑登录非学习网站，或者观看无关视频和玩游戏，教师电脑端可设置学生平板电脑的访问权限；学生可在线向教师提问，并查看反馈答案；可设立教室论坛供任课教师和全班学生进行互动讨论；具备班级管理功能，对于学生的出勤情况、请假情况、作业完成情况等进行统计和分析。

⑦可视化的设备管理系统：支持设备可视化管理、联动管理，可第一时间了解故障点，实时提供后台帮助，保障教学环境正常进行。

⑧智能云盘系统：设计教室云盘系统，内置移动硬盘，建立局域网云盘空间。课堂的授课讲义、授课语音等都可以保存到云盘中，方便学生课后下载复习。

三、智慧教室的应用

在智慧教室的应用方面，国外的主要代表为"明日苹果教室"（ACOT）、加拿大麦吉尔大学（McGill University）的智慧教室、微软资助的Szeged大学的未来课程、斯坦福大学的iRoom等。以美国为代表的中小学智慧教室应用已非常普遍和成熟。目前，国内智慧教室以高等院校为主导，其中，清华大学、华东师范大学、浙江大学等的智慧教室建设应用经验丰富，走在智慧教室建设应用的前列。另外，华中科技大学[57]按照"物理空间+资源空间+社区空间"三位一体的结构，建成了智能化的教学软硬件设施、多样化和人性化的空间环境及基于物联网的智能环境管理系统，取得了显著成效。通过与企业合作，华南师范大学、中国民航大学、北京邮电大学、云南昆明西冲小学、南宁三十四中、广州怡园小学在建设智慧教室及智慧教室应用方面效果显著[58]。国内大部分智慧教室的应用还在理论构建和课程探索中[59-61]。例如：福建屏东中学利用智慧教室展开初中生物课堂论证式教学[62]；职业学校利用智慧教室使晦涩难懂、内容抽象、深奥的《汽车底盘构造与维修》课程变得生动、形象、易于理解，改善了学生的主观能动性，提高了教师的教学质量与学生的学习质量[63]。

四、挑战

智慧教学的核心是对教学环境和教学模式的创新与突破，其以建构主义学习理论为依据，依托智慧教室开展个性化、交互化、协同化教学。智慧教室的重要性不言而喻，当前，国内学者、企业、学校展开了智慧教室的理论研究及探索应用，取得了显著效果。然而，在智慧教室建设和应用的过程中也存在着值得我们思考和关注的问题[64-65]。

①对于智慧教室建设而言，目前没有成熟的实践案例。智慧教室建设过程中堆叠了众多先进技术、高科技设备，而忽略了教室环境的布局，没有与课程、教学者的需求紧密结合，导致某些建成的智慧教室与教学实际需求脱节，造成资源和时间的浪费。

②智慧教室建设过程中没有统一的行业标准，不同设备厂商对智慧教室的理解也不相同。在实践过程中存在硬件环境构建复杂、软件系统使用烦琐、设备兼容性差、故障率高、教学策略支撑力度不够等问题，导致很多智慧教室并未发挥其智慧性，造成了部分教师不爱用、学生不专心等情况。

③对于学校而言，开展对教师使用智慧教室的技术培训，激发教师设计、开发智慧教室课程，规范智慧教室使用，完善智慧教室课程评价机制，充分融合人、技术、环境、工具、资源，发挥智慧教室的核心功能是当务之急。

五、小结

智慧教室是人工智能时代教学模式改革的必然产物，是培养面向21世纪的具有创新意识和信息综合素养的复合型人才的智能学习环境。智慧教室是新时代教师开展教学活动的高效、开放、共享、互动、协作平台，在国内外开展各级各类教学中具有重要的作用。当前，国外的智慧教室应用要领先于国内。国内开发智慧教室的主要挑战在于如何将教育理念、教学模式、课程设计、经费配备、制度规范、教育政策等多方因素有机结合，共同推进智慧教室的设计、开发和高效建设，保证不仅要建好智慧教室，而且要用好智慧教室。

第六节 智慧实验室

智慧环境是智慧教育实施的基础和保障,是物联网、云计算、大数据、语义网、移动通信等新一代信息技术在教育中的创新应用,智慧实验室是智慧校园的智慧功能之一,是智慧校园的重要组成部分[66]。

一、智慧实验室的定义

智慧实验室是基于物联网等人工智能技术来提高实验室信息服务质量的智慧学习环境,是一个开放、共通的通信实验室平台,其在全面采集和深度分析实验数据的基础上,提供互动、共享、协作应用和服务,满足教师、学生和实验管理人员等不同用户的需求。

现有相关研究对其定义如下[67-68]:智慧实验室(Smart Laboratory)作为智慧校园的重要组成部分,是以物联网技术为核心,利用新一代信息技术为广大师生提供全面智能感知实验环境和综合信息服务的平台,实现实验室的智能化、安全化、可视化管理,以及资源的互联、人员的互动协作和开放实验室设备资源、教学资源、科研资源的高度信息共享。

二、智慧实验室的功能

智慧实验室的主要功能有物物、物人、人人互联,全面环境监测,RFID 设备管理,智能用电管理,视频监控系统,以及物联网综合体验等。

①物物、物人、人人互联:实验者和实验设备能够"物物互联、物人互联、人人互联",在实验过程中,教师可以在服务器端的界面观察到每个学生的实验进程,同时实现学生电子签到。

②全面环境监测:通过控制台和移动智能终端可以操控灯光、窗帘、空调等设备,通过无线传感器监测特定区域的温度、湿度、光照等。

③RFID 设备管理:设备库管理、仪器设备借用管理、仪器维修记录、操

作记录查询、智能围栏（管理、监控、预警）。

④智能用电管理：通过遥测和遥控可以合理调配负荷，实现优化运行。

⑤视频监控系统：对人、设备、物品进行监控管理。

⑥物联网综合体验：将实验室环境、实验箱、RFID 设备、智能用电管理、视频监控系统整体集成互联，进行统一管理与控制（基于物联网的智慧实验室设计）。

三、智慧实验室的应用

当前，在智慧实验室的应用方面，某些学校做了一些实践探索[69-70]，如华北电力大学现代无线通信实验室基于物联网技术构建了一个开放、共通的通信实验室平台[71]。智慧实验室建设和开发大部分还处于架构探讨（图 3-5）和论证阶段[72-75]，在实践应用方面还需进一步加强。

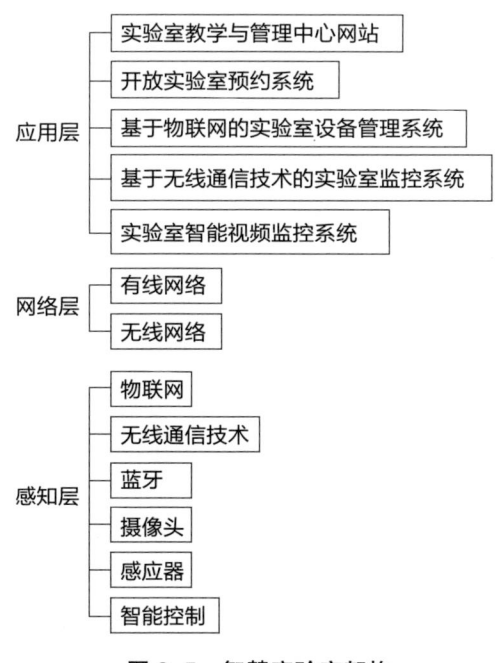

图 3-5 智慧实验室架构

四、挑战

智慧实验室作为开放、创新、协作、智能的综合实验室信息服务平台，能够让教师、学生和管理者全面感知不同教学资源，获得互动、共享、协作的实验学习和科研工作环境，对于实现教育信息资源的有效采集、分析、应用和服务的重要性不言而喻。然而，目前国内大部分智慧实验室还处于理论论证和探索阶段，或者部分已建设的智慧实验室及功能仅局限于某些特定领域本身，不具有推广性。

五、小结

在信息技术的推动下，智慧实验室能为学校教师提供便捷的教学环境，为管理人员提供良好的管理平台，是学校实验室建设的必然趋势。智慧实验室的建设与物联网技术是紧密相关的，受物联网本身发展中技术标准不一致、信息安全防护不强、管理机制和基础设施不完善及智慧实验室设计模式不成熟等影响，智慧实验室的建设任重而道远，需要企业、学校、教学科研人员的协作努力，共同推进。

第七节　智慧图书馆

随着技术的发展与进步，人们的阅读方式和信息传播方式发生了重要变化，智慧图书馆逐渐进入人们的生活中。智慧图书馆是教与学过程中必不可少的一种智慧学习环境。图书馆的主要价值在于知识传播，其核心职能是服务。利用物联网、互联网、大数据、云计算等新兴技术提升图书馆的服务质量，突破时空限制，实现知识的高效传播和利用是研究与建设智慧图书馆的根本目的所在。本节对智慧图书馆的定义、功能、应用和挑战分别进行阐述。

一、智慧图书馆的定义

对于智慧图书馆的定义,目前存在着5种学说[76],分别是感知说[77]、模式说[78]、人文说[79]、要素说[80]和智能说[81]。整体分析,这5种学说是一致的,不同之处在于所描述的智慧图书馆提供服务的角度不同,但都阐述了智慧图书馆如何基于新兴技术为读者提供智慧服务,如何高效实现智慧服务,保障用户权益。

智慧图书馆是基于物联网、云计算、大数据等新兴技术,结合智能设施和智能服务应用软件,克服传统图书馆的时间和空间限制,实现馆馆互联、人馆互联和人人互联[82],并通过自动化、智能化方式实现图书馆图书及其信息资源的个性化、综合及自动化服务,满足管理者和用户的多方面智能化服务需求的一种智慧学习环境。

二、智慧图书馆的功能

从智慧图书馆的定义和应用研究[83-87]可以看出,智慧图书馆的主要功能有建筑设施管理智能化、智能图书管理、数字资源协同共享、智慧服务、智能学习环境等(图3-6)。

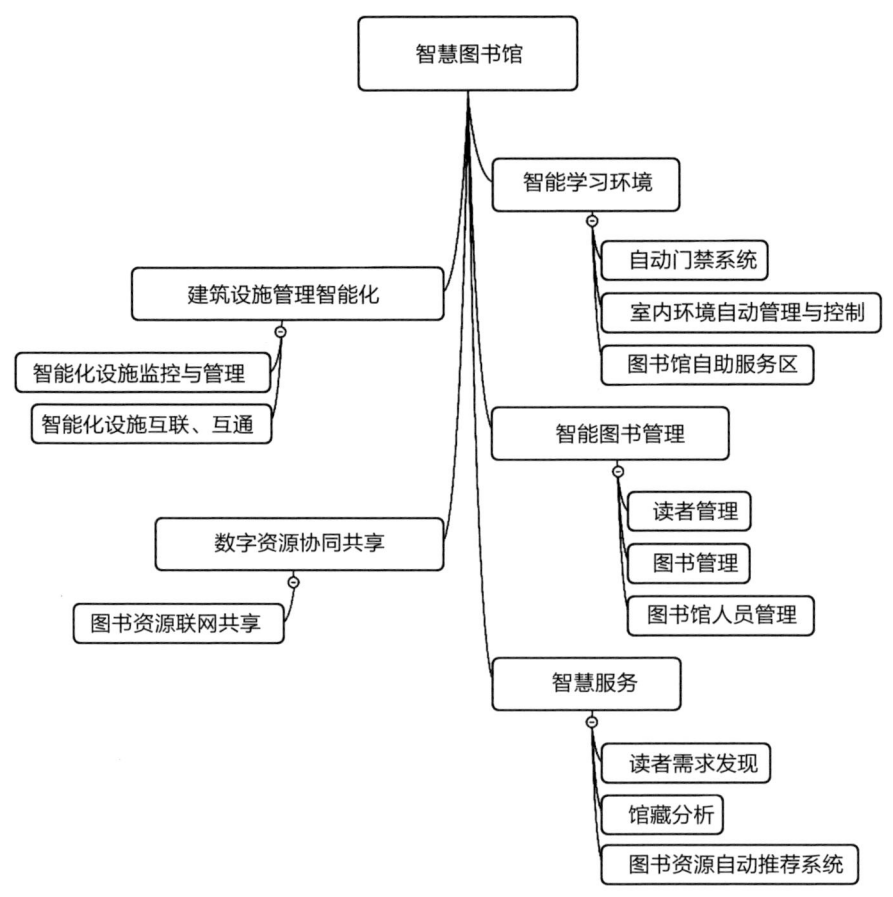

图 3-6　智慧图书馆的功能

①建筑设施管理智能化：为满足通信、办公、消防、安保、节能的自动化要求，智慧图书馆具有建筑设施管理智能化系统，该系统包括计算机管理系统、楼宇设备自控系统、智能监控系统、智能防盗系统、火灾报警系统、温湿度自动控制调节系统、广播系统、智能卡系统、通信系统、卫星及共用电视系统、会议系统、可视会议系统、大屏幕显示系统、视频点播系统、智能照明系统、音响控制系统、计算机机房系统、计算机网络系统、车库管理系统、智能化综合物业管理系统、综合布线系统等。其中，智能监控、智能照明、智能防盗是其核心功能。

②智能图书管理：主要包括电子标签转换子系统、自助借还子系统、图书清点子系统、图书安全监测子系统、Web发布子系统、智能钥匙管理子系统、智能传输系统等，实现图书注册、借还、清点、安全、传递等的自动化。

③数字资源协同共享：共享与互联是数字图书馆的必备功能，只有实现图书馆资源的协同管理和共享互联，才能实现信息资源的充分利用，发挥各馆的优势和特长，提升图书馆服务质量，缩小图书馆数字资源发展不均衡的差距。

④智慧服务：智慧图书馆拥有一种高效的管理方法，利用智慧图书馆，读者可享受更多的信息服务和更具创造性的服务[88]。智慧图书馆可分析出读者的需求，为每个读者提供不同的服务，读者可享受到最适合自己的个性化服务。智慧服务还包括智慧检索服务、学科服务、智慧推荐服务、智慧参考咨询服务、移动图书馆服务、资源获取智慧化服务及隐私保护服务等。

⑤智能学习环境：自动门禁系统、室内环境自动管理与控制及图书馆自助服务区借助移动终端及以RFID和其他各类传感器技术为代表的情境感知技术，通过获取用户、资源、环境等各方面情境信息，在对其进行数据挖掘和分析的基础上，开展基于情境感知的自适应服务。这在实现图书馆的资源检索、阅读、推荐等服务的同时，提升了读者的阅读空间环境的舒适度，提高了读者的知识认知效率。

三、智慧图书馆的应用

智慧图书馆涉及图书馆建筑与管理的智能化、图书管理的智能化、图书知识信息管理的智能化，以及为用户提供个性化的智慧服务，其建设与开发涉及物联网、大数据等领域的硬件技术和图书信息知识挖掘、用户信息管理与挖掘等人工智能算法。目前，国内外对于智慧图书馆的应用还主要处于探索与论证阶段，随着5G时代的到来，智慧图书馆的应用路径也越来越清晰[89]。

四、挑战

当前,国内的智慧图书馆仍然处于研究和应用初级阶段,理论研究多,应用实证研究少,涉及智慧图书馆的智慧服务研究内容不够专业和具体,对于图书馆智慧服务理论创新研究、智慧服务技术内容研究、智慧服务应用研究需进一步加强和落实[84]。

五、小结

智慧图书馆是图书馆科学发展的必然趋势,是当代图书馆创新转型,实现数字化、网络化和智能化的必然结果。智慧图书馆的成功建设与应用,必将促进知识、情报及信息的高效利用和传播,推动智慧教育的发展和人类社会的进步。

然而,智慧图书馆涉及多种高新技术和广大人群,需要人工智能技术软硬件专家、工程师,图书情报研究人员,图书馆馆员及广大读者用户共同参与和不懈努力,才能实现预期功能和目标。

第八节 智慧校园

《国家中长期教育改革和发展规划纲要(2010—2020年)》中提出"加快教育信息化进程"[90],并把"教育信息化建设"列为10个重大项目之一。2019年2月,中共中央、国务院印发的《中国教育现代化2035》中提出了"加快信息化时代教育变革,建设智能化校园,利用现代技术加快推动人才培养模式改革"等一系列要求[91]。这是国家层面推进教育现代化,落实科教兴国、人才强国战略的重要举措,同时为我国智慧校园的建设指明了方向,进一步激发了人们对智慧校园的关注和热情。本节对智慧校园的定义、功能、应用和挑战进行探讨。

一、智慧校园的定义

随着物联网、大数据等技术的发展和应用,智慧校园的功能和应用得到进一步拓展,实现了人、设备、环境、资源等因素的互联互通,使教学资料得以协同共享,教学数据得以分析利用,为教师的教和学生的学提供了个性化、定制性的便捷服务。不同学者从不同角度给出了智慧校园的内涵和定义[92-94],其中,黄荣怀[95]认为智慧校园是指一种以面向师生个性化服务为理念,能全面感知物理环境,识别学习者个体特征和学习情景,提供无缝互通的网络通信,有效支持教学过程分析、评价和智能决策的开放教育教学环境和便利舒适的生活环境。

智慧校园是一种综合的智慧学习环境,包含了智慧教室、智慧实验室、智慧图书馆等。智慧校园是数字校园发展的必然,是一种在新兴技术的依托下实现教育现代化、智能化、创新化、引领化和社会化的学习环境[96],这种学习环境为教师提供了便捷的教学环境和决策数据,为学生提供了个性化、开拓性的自由学习环境,为学校提供了智能化的管理平台和手段。

二、智慧校园的功能

①数字学习资源的组织、共享、优化和推送:先进的语义 Web、知识图谱和数据挖掘可提高数字学习资源检索的查全率和查准率,实现泛在学习环境下资源的共享、联结、重用、优化。

②智能化分析学习轨迹:学习分析是对学习者及学习情景数据进行测量、收集、分析和报告,辅助教师教学决策及学生自我导学,为教育研究者设计个性化学习提供参考数据。智慧校园基于大数据技术、自然语言处理技术、图像处理技术,实现发展性评价。

③智能化管理:智慧校园智慧化管理平台实现人事、教学、科研、后勤等部门间信息的共享共用,减轻教师管理工作负担,提升整个校园的管理效率。

三、智慧校园的应用

当前,国内对智慧校园的建设与应用大部分处于理论探索与认识阶段[97],实证和应用研究较少,如图 3-7 所示。由数字校园升级为智慧校园还需要深入思考"智慧"之根本所在,深入研究如何将物联网技术、自然语言处理技术、大数据分析技术应用于教育方式、教育模式、教育流程的创新、重构、再造,以提高创新人才培养水平是当前研究的热点[98]。

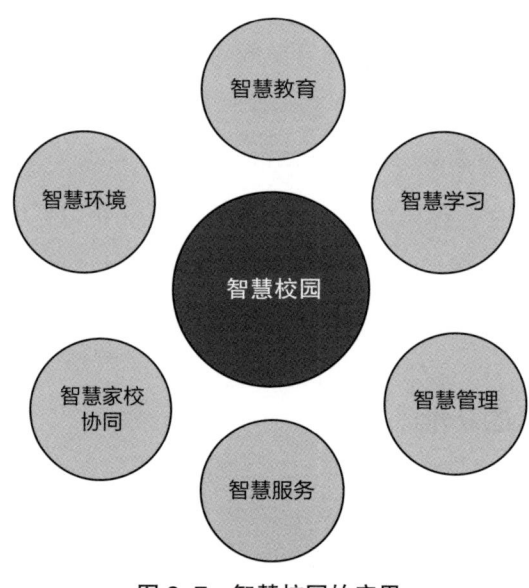

图 3-7 智慧校园的应用

四、挑战

智慧校园在提升教育质量、培养创新人才方面具有重要的作用,人们都在期待着智慧校园的广泛普及。然而,当前国内关于智慧校园的研究多集中在智慧校园的整体架构设计方面,应用研究较少,应用效果方面的研究更是寥寥无几,缺少对教育教学情况的综合考虑。应进一步提升和加强智慧校园建设的整体规划、经费分析、软硬件维护，以及建设与评估标准方面的工作。

五、小结

智慧校园是数字校园发展的必然，是落实科教兴国、人才强国战略的重要举措。自 2008 年"智慧地球"这一概念被提出以来，智慧校园的发展与建设在全球范围内得到重视。当前，智慧校园研究、建设、应用方面取得初步成效。智慧校园建设中存在的主要问题在于应用研究较少，应进一步将物联网、大数据等先进技术与教学模式改革、教育创新及智慧校园的建设评估标准综合起来规划，建设智慧校园，为智慧教育的发展助力。

第九节 总结

智慧教育的基本内涵是通过构建智慧学习环境（Smart Learning Environments），运用智慧教学法（Smart Pedagogy），促进学习者进行智慧学习（Smart Learning）[99-100]。技术的出现拓宽了教育的思考空间，丰富了教育的内涵实质，为智慧教育提供了想象的空间和路径，异地同步在线教学突破了学习时空的限制，VR/AR/MR 拉近了现实与虚拟的距离，资源自适应推荐服务提供了精准化学习服务路径，大数据、人工智能、学习分析技术创新了个性化的教育模式，延伸了因材施教的宽度。由此可以看出智慧学习环境在教育中的重要作用。在实践应用方面，技术在课堂教学中的合理使用能够促进学生学习，提高学生成绩[101]，增加学生的课堂参与度，并提升其数学思维能力和推理能力[102]，改善科学领域中抽象概念的学习和迷思概念的转变，继而发展学生的高阶思维[103]，提高学生解决问题的能力，乃至影响学生科学观念和品格的形成[104]。

智慧学习环境主要包括智慧教室、智慧图书馆、智慧实验室、智慧校园等，典型的智慧学习环境是为教师的"教"与学生的"学"提供学习资源、智能工具、学习社群和教学社群[105]。随着社会发展对学习模式升级的实际需求，政府层面的《中国教育现代化2035》与教育部层面的《教育信息化2.0行动计划》推动人们对智慧学习环境展开热烈的研究和建设，并取得初步成效[90, 106]。然而，智慧教育的发展也面临以下挑战。

①智慧教育重点在于智慧学习环境构建及智慧教育理论研究。而目前智慧教育的落地实践研究甚少，与智慧学习环境对应的学科建设与专业设置不足。

②如何实现信息技术与教育体系的深度融合，彻底跳出传统教育模式的桎梏，达成智慧学习环境下教育流程再造和过程重组是目前亟须解决的问题。

在今后的研究中，需要深入思考与实践，努力将智慧学习环境与教学模式改变、提升相结合，发挥智慧学习环境在培养人的思考方式、方法和视角方面的重要作用，培养具有创新思想和创造意识的人才。

参考文献

[1] 陈春雨. 危中寻机，释放在线教育的潜力：访北京大学学习科学实验室执行主任、基础教育研究中心副主任尚俊杰教授[J]. 世界教育信息，2021，34（2）：11-19.

[2] 王运武，王宇茹，洪俐，等. 5G时代直播教育：创新在线教育形态[J]. 现代远程教育研究，2021，33（1）：105-112.

[3] 王莹莹，涂韬，彭丽. 大数据视角下在线教学行为研究：以国开学习网教育数据为例[J]. 湖北广播电视大学学报，2021，41（1）：20-26.

[4] 刘幸兴. 基于大数据技术的在线教育信息采集平台研究[J]. 自动化技术与应用，2020，39（9）：41-43，51.

[5] 何曼. 智能时代教育的创新变革路径[J]. 在线学习，2020（11）：40-43.

[6] 陈兰英. 移动互联网环境下大学生个性化学习需求及特点分析：以烟台高校为例[J]. 产业与科技论坛，2020，19（15）：94-95.

[7] 安哲锋，金妍. 从490门国家精品在线开放课程看我国在线教育发展 [J]. 未来与发展，2020，44（5）：20-27.

[8] 李克强. 政府工作报告：2015年3月5日在第十二届全国人民代表大会第三次会议上 [EB/OL].（2015-03-16）[2021-05-13]. http://www.gov.cn/guowuyuan/2015-03-16/content_2835101.htm? gs_ws=people_6356231596596186446.

[9] 李克强. 政府工作报告：2016年3月5日在第十二届全国人民代表大会第四次会议上 [EB/OL].（2016-03-17）[2021-05-13]. http://www.gov.cn/guowuyuan/2016-03-17/content_5054901.htm.

[10] 李克强. 政府工作报告：2017年3月5日在第十二届全国人民代表大会第五次会议上 [EB/OL].（2017-03-16）[2021-05-13]. http://www.gov.cn/premier/2017-03-16/content_5177940.htm.

[11] 李克强. 政府工作报告：2018年3月5日在第十三届全国人民代表大会第一次会议上 [EB/OL].（2018-03-22）[2021-05-13]. http://www.gov.cn/guowuyuan/2018-03-22/content_5276608.htm.

[12] 黄新斌. 基于元视角的我国远程教育研究审视 [J]. 中国远程教育，2012（12）：28-32，95.

[13] 杨天啸，雷静. 在线教育的理论基础与发展趋势 [J]. 教育研究，2020，41（8）：30-35.

[14] 李恒. 在线教育生态系统及其演化路径研究 [J]. 中国远程教育，2017（1）：62-70.

[15] 卢岳. 学而思网校：以"前沿技术＋多元内容"重塑在线教育 [N]. 消费日报，2020-11-12（B03）.

[16] 中国软件评测中心网络空间安全测评工程技术中心. 2020年教育行业网络安全白皮书（下）[N]. 中国计算机报，2020-11-16（08）.

[17] 周菊. 在线教育行业亟须补上"版权课" [N]. 中华工商时报，2020-12-30（03）.

[18] 黄荣怀，汪燕，王欢欢，等. 未来教育之教学新形态：弹性教学与主动学习 [J]. 现代远程教育研究，2020，32（3）：3-14.

[19] 尚俊杰，张优良. 在线教育与中国教育的未来 [J]. 人民教育，2020（6）：50-52.

[20] 琳达·哈拉西姆，肖俊洪. 协作学习理论与实践：在线教育质量的根本保证 [J]. 中国远程教育，2015（8）：5-16，79.

[21] 邢丘丹，焦晶，杜占河. 基于云计算和大数据的在线教育交互应用研究 [J]. 现代教育技术，2014，24（4）：88-95.

[22] 刘革平，王星. 虚拟现实重塑在线教育：学习资源、教学组织与系统平台 [J]. 中国电化教育，2020（11）：87-96.

[23] 李倩舒. 区块链技术助力在线教育发展的路径分析：兼论常州开放大学实践思路 [J]. 厦门城市职业学院学报，2019，21（2）：84-89.

[24] 朱旭东. 构建国家在线教师教育体系刻不容缓 [J]. 教育发展研究，2020，40（2）：3.

[25] 刘欣仪. 在线教育版权保护研究 [J]. 法制博览，2019（4）：108-109.

[26] 徐鹏，王以宁，刘艳华，等. 大数据视角分析学习变革：美国《通过教育数据挖掘和学习分析促进教与学》报告解读及启示 [J]. 远程教育杂志，2013，31（6）：11-17.

[27] 国务院. 促进大数据发展行动纲要 [EB/OL].（2015-09-05）[2021-05-13]. http://www.gov.cn/zhengce/content/2015-09/05/content_10137.htm.

[28] 陈文雄. 面向智慧教育的学习大数据：运行机理与实践路径 [J]. 湖南师范大学教育科学学报，2019，18（4）：88-93.

[29] 叶志翔，王红玲，李荣，等. 基于教育大数据的网络学习行为分析模型的研究 [J]. 教育现代化，2019，6（85）：210-211.

[30] 杨开城. 教育大数据何以为之 [N]. 中国信息化周报，2019-10-21（13）.

[31] 王小伟. 互联网+教育大数据分析平台构建研究 [J]. 中国管理信息化，2019，22（21）：198-199.

[32] 张黄慧. 教育大数据标准化的相关建议及思考 [J]. 中国标准化，2019（22）：228-229.

[33] 徐焱. 基于教育数据挖掘的个性化自适应学习系统研究 [J]. 中国教育信息化，2019（11）：60-65.

[34] 赵以霞，王鑫，金昆，等. 国内大数据环境下学习分析技术研究路径及趋势分析 [J]. 现代教育技术，2019，29（8）：34-40.

[35] 同剑飞. 基于教育数据挖掘的在线学习精准预警机制研究 [J]. 计算机产品与流通，2019 (5)：231.

[36] 黄文增. 基于教育数据挖掘的个性化习题推荐算法研究 [D]. 长春：吉林大学，2019.

[37] 邓国民. 大数据和教育研究：认识论和方法论的思考 [J]. 电化教育研究，2018，39 (6)：48-53.

[38] 于丹. 浅谈教育大数据的发展和挑战 [J]. 信息系统工程，2019 (10)：174.

[39] 武娟，刘晓军，庞涛，等. 虚拟现实现状综述和关键技术研究 [J]. 广东通信技术，2016，36 (8)：40-46.

[40] 梁彬彬，李灵灵. 展望 VR 虚拟现实技术在教育领域的应用前景 [J]. 教育现代化，2019，6 (14)：179-181.

[41] 高宁婧. 虚拟现实技术在教育中的应用研究 [J]. 教育现代化，2019，6 (78)：102-104.

[42] 李书杰，郑利平，谢文军，等. 虚拟现实（VR）教育的问题与思考 [J]. 计算机教育，2019 (2)：41-44.

[43] 苏沐晖. 5G 引爆"AI+教育"下半场 [J]. 新产经，2019 (7)：67-69.

[44] 喻国明，王佳鑫，马子越. 场景：5G 时代 VR 改写传播领域的关键应用 [J]. 现代视听，2019 (8)：31-35.

[45] 袁磊，张艳丽，罗刚. 5G 时代的教育场景要素变革与应对之策 [J]. 远程教育杂志，2019，37 (3)：27-37.

[46] 李小平，孙清亮，张琳，等. 5G 的发展历程、特点及其对教育理论的延伸 [J]. 现代教育技术，2019，29 (9)：26-32.

[47] 贾颖. 5G 技术在智慧教育领域的应用研究 [J]. 河南教育（职成教），2019 (9)：49-51.

[48] 兰国帅，郭倩，魏家财，等. 5G+ 智能技术：构筑"智能+"时代的智能教育新生态系统 [J]. 远程教育杂志，2019，37 (3)：3-16.

[49] 杨宗凯. 从信息化视角展望未来教育 [J]. 电化教育研究，2017，38 (6)：5-8.

[50] 任友群. 智慧校园：高校管理信息化的转折与挑战[J]. 中国教育信息化，2013（19）：20-21.

[51] 曹丽鑫. 智慧教室的现状分析及发展趋势：基于CiteSpace的可视化分析[J]. 林区教学，2019（8）：96-98.

[52] 李葆萍，宁方京，李晟，等. 当前智慧教室研究热点的分析和启示[J]. 数字教育，2019，5（3）：10-14.

[53] 黄荣怀，胡永斌，杨俊锋，等. 智慧教室的概念及特征[J]. 开放教育研究，2012，18（2）：22-27.

[54] 陈卫东，叶新东，张际平. 智慧教室研究现状与未来展望[J]. 远程教育杂志，2011，29（4）：39-45.

[55] 聂风华，钟晓流，宋述强. 智慧教室：概念特征、系统模型与建设案例[J]. 现代教育技术，2013，23（7）：5-8.

[56] 张金荣，叶丛如. 智慧教室功能建构及其建设思考[J/OL]. 中国教育技术装备，2019：1-3[2019-09-17]. http://kns.cnki.net/kcms/detail/11.4754.T.20190703.1011.002.html.

[57] 金智勇，张立龙. 智慧教室"三位一体"模型构建及实践探索：以华中师范大学为例[J]. 现代教育技术，2019，29（4）：75-81.

[58] 朱嫣洁. 教育信息化背景下智慧课堂的教学效果研究[D]. 上海：华东师范大学，2019.

[59] 何文涛，杨开城，张慧慧. 智慧教室环境下协作学习的运行特征分析[J]. 中国电化教育，2018（8）：45-53.

[60] 张菲菲. 基于智慧教室的高校教师教学技能提高及有效性研究[J]. 现代教育技术，2015，25（5）：110-114.

[61] 孟娃玛尕. 浅析"互联网+"教育背景与智慧教室的应用[J]. 名师在线，2019（23）：80-81.

[62] 吴小丽. 智慧教室环境下初中生物课堂论证式教学模式的尝试：以"鸟适于飞行的特点"一节为例[J]. 中学生物学，2019，35（6）：9-10.

[63] 陈予一，张申，李豪英. 基于智慧教室的教学模式在汽车底盘构造与维修教学中的应用 [J]. 教育现代化，2019，6（57）：220-222.

[64] 胡国强，陈建平，韩苏建. "智慧教室"热中的冷思考 [J]. 实验室研究与探索，2019，38（2）：259-262.

[65] 贺建虎. 智慧教室的有效管理与优质服务 [J]. 电脑知识与技术，2017，13（25）：131-132，153.

[66] 杨现民，余胜泉. 智慧教育体系架构与关键支撑技术 [J]. 中国电化教育，2015（1）：77-84，130.

[67] 周春月，闫子淇. 基于物联网技术的智慧实验室架构研究 [J]. 实验室研究与探索，2014，33（5）：239-243.

[68] 刘昌鑫，陈慧娟，欧阳春娟，等. 物联网技术支持下的高校智慧实验室构建探析 [J]. 中国教育信息化，2016（7）：54-56.

[69] 刘君玲. 基于物联网技术的智能实验室管理系统的研究与应用 [J]. 福建教育学院学报，2018，19（7）：121-124.

[70] 黄叶超. 物联网技术在高校智慧实验室构建中的应用 [J]. 佳木斯职业学院学报，2018（12）：402-403.

[71] 车辚辚，孔英会，赵建立，等. 基于物联网的智慧实验室设计 [J]. 实验技术与管理，2013（10）：212-215.

[72] 李延香，赵蕾，袁辉. 基于Wi-Fi物联网技术的智慧实验室架构研究 [J]. 信息技术，2018，42（8）：34-38.

[73] 黄靓. 基于物联网的智能实验室的功能及应用 [J]. 电子技术与软件工程，2019（14）：173-174.

[74] 罗丹妮. 基于ZigBee无线传感网络的实验室智能管理系统 [J]. 科学技术创新，2019（12）：135-136.

[75] 梁华，杨光祥，胡健，等. 面向新工科的人工智能教学科研复合型实验室体系建设 [J].

实验技术与管理，2019，36（7）：266-269.

[76] 张海波. 智慧图书馆概念研究综述及再认识[J]. 内蒙古科技与经济，2019（11）：112-113.

[77] 韩丽. 物联网环境下智慧图书馆的特点、发展现状及前景展望[J]. 现代情报，2012，32（5）：48-50，54.

[78] 严栋. 基于物联网的智慧图书馆[J]. 图书馆学刊，2010，32（7）：8-10.

[79] 李凯旋. 人文视角下"智慧图书馆"定义的再思考[J]. 图书馆界，2013（6）：14-16.

[80] 夏立新，白阳，张心怡. 融合与重构：智慧图书馆发展新形态[J]. 中国图书馆学报，2018，44（1）：35-49.

[81] 许天才，杨新涯，田琳. 自主创新为主导的图书馆系统研发历程：以重庆大学图书馆为例[J]. 图书馆论坛，2017，37（4）：9-17.

[82] 王世伟. 关于智慧图书馆未来发展若干问题的思考[J]. 数字图书馆论坛，2018（7）：2-10.

[83] 袁红军. 我国智慧图书馆研究现状、热点与未来展望[J]. 新世纪图书馆，2019（6）：73-77，82.

[84] 朱红涛，李姝熹. 国内图书馆智慧服务研究综述[J]. 图书馆学研究，2019（16）：2-8.

[85] 王秀艳. 国外智慧图书馆研究的热点主题和发展趋势分析[J]. 情报探索，2019（8）：129-134.

[86] 孙守强. 基于联盟链的智慧图书馆数字资源协同共享[J]. 图书馆学刊，2019，41（5）：37-42.

[87] 崔海兰，郭金子. 物联网环境下智慧图书馆功能研究[J]. 沈阳工程学院学报（社会科学版），2015，11（4）：491-494，519.

[88] 尚新丽，王晓燕. 物联网环境下图书馆智慧化管理与服务分析[J]. 创新科技，2016（11）：87-89.

[89] 刘炜，陈晨，张磊. 5G与智慧图书馆建设[J]. 中国图书馆学报，2019，45（5）：42-50.

[90] 国家中长期教育改革和发展规划纲要工作小组办公室. 国家中长期教育改革和发展规划纲要（2010—2020年）[EB/OL]. (2010-07-29)[2021-05-13]. http://www.gov.cn/jrzg/2010-07/29/content_1667143.htm.

[91] 中共中央, 国务院. 中国教育现代化2035 [EB/OL]. (2019-02-23)[2021-05-13]. http://www.moe.gov.cn/jyb_xwfb/s6052/moe_838/201902/t20190223_370857.html.

[92] 李春若. 基于物联网的智慧校园研究[J]. 信息与电脑（理论版）, 2012 (2): 91–92.

[93] 沈洁, 黄宇星. 智慧校园及其构建初探[J]. 福建教育学院学报, 2011, 12 (6): 122–125.

[94] 宓咏. 智慧校园离不开资源与应用[J]. 中国教育网络, 2011 (11): 29.

[95] 黄荣怀, 张进宝, 胡永斌, 等. 智慧校园: 数字校园发展的必然趋势[J]. 开放教育研究, 2012, 18 (4): 12–17.

[96] 陈琳, 王蔚, 李佩佩, 等. 智慧校园的智慧本质探讨: 兼论智慧校园"智慧缺失"及建设策略[J]. 远程教育杂志, 2016, 34 (4): 17–24.

[97] 乜勇, 王滨. 现状与反思: 国内智慧校园研究综述[J]. 中国教育信息化, 2017 (21): 52–55.

[98] 陈琳, 华璐璐, 冯熳, 等. 智慧校园的四大智慧及其内涵[J]. 中国电化教育, 2018 (2): 84–89.

[99] 祝智庭, 贺斌. 智慧教育: 教育信息化的新境界[J]. 电化教育研究, 2012, 33 (12): 5–13.

[100] 祝智庭. 智慧教育: 引领教育信息化走向人本主义情怀[J]. 现代教育, 2016 (7): 25–27.

[101] MEANS B. Technology and education change: focus on student learning [J]. Journal of research on technology in education, 2010, 42 (3): 285–307.

[102] 张屹, 郝琪, 陈蓓蕾, 等. 智慧教室环境下大学生课堂学习投入度及影响因素研究: 以"教育技术学研究方法课"为例[J]. 中国电化教育, 2019 (1): 106–115.

[103] KULIK J A. Effects of using instructional technology in elementary and secondary schools: what controlled evaluation studies say [EB/OL].[2021-05-13]. http://www.sri.com/policy/

csted/reports/sandt/it/Kulik_ITinK-12_Main_R eport. pdf.

[104] BIVALL P, AINSWORTH S. Do haptic representations help complex molecular learning [J]. Science education, 2011, 95 (4): 700-719.

[105] 黄荣怀, 杨俊锋, 胡永斌. 从数字学习环境到智慧学习环境: 学习环境的变革与趋势 [J]. 开放教育研究, 2012, 18 (1): 75-84.

[106] 景玉慧, 沈书生. 基础教育智慧学习空间建设的SWOT透视: 以南京市江宁区为例 [J]. 电化教育研究, 2019, 40 (2): 77-86.

◉···· 第四章

智慧教育的感知与分析

北京师范大学余胜泉指出：智慧教育是依托新一代通信技术打造的互联化、智能化、感知化、泛在化的新型教育形态和教育模式；智慧教育可以根据个人的独特信息推送个性化的教育；智慧教育的发展促进教学、课程、学习、管理、评价、学校的转型，同时使教育信息化的思路和理念转型；信息技术的普及和渗透会改变一些重大战略实施的生态环境，从而为这些战略的落实提出变革性的思路。在智慧教育学习过程中，学习者是自我导向、充满内在动机的，学习是有趣、可定制、有丰富资源支撑的。本章主要对智慧教育领域的知识图谱技术、学习分析技术、教学分析技术的发展及在教育领域的应用现状展开分析和叙述。

第一节 知识图谱——知识海洋巡航

我们进入了人、机、物互联的世界，"万物互联""凡事皆有因果""最小六度理论"是大家经常听到的字眼儿。那么，用什么工具来表示如此繁杂的世界呢？本节的知识图谱将会有机组织并呈现这个复杂世界的互联相关。

一、什么是知识图谱

2012年,知识图谱技术出现[1]。知识图谱是指对大量科学文献新信息,借助统计学、图论、计算机技术等手段,以可视化的方式来展示科学学科体系的内在结构、学科特点、研究前沿等信息的一种计量学方法。

以猫的品种为例。很多人知道狸花猫,熟悉猫的人看到狸花猫还会想起英短、美短、暹罗、无毛猫、豹猫等各类名猫,也一定会在脑海中第一时间浮现狸花猫的脑袋、耳朵、鼻子、身形、爪子、毛色、动作等形象,当然也会联想到"狸猫换太子"等历史故事。用思维导图画一下,如图4-1所示。

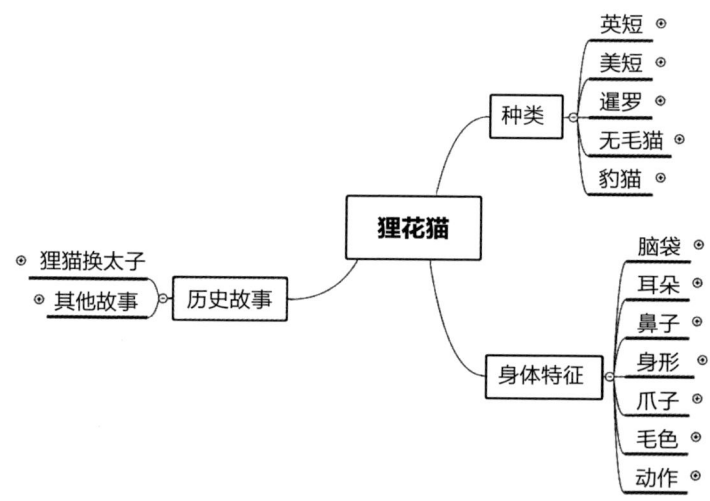

图 4-1 狸花猫知识图谱

由此例看出,每个名词都是一个主体,这些主体之间存在着联系。我们从一个主体出发,到另外一个主体,沿着相连路径走下去,就可以搜索到关于狸花猫更加深入、细节的信息。还可以对边缘的主体进行解释和拓展,最终与世界上的人、机、物、事相连,构成一个巨大的知识网络。知识图谱的学术定义是:知识图谱遵循语义网的理念和原则,是由实体或概念及它们之间的关系组成的知识库，使用三元组（主语、谓语、宾语）的形式进行表示[2]。图4-2是爱因斯坦知识图谱的例子。主语和宾语，即方块中的文字皆是实体；谓语，即箭头上的文字是实体之间的关系，包括陈述性、解释性、相关性、因果性等。

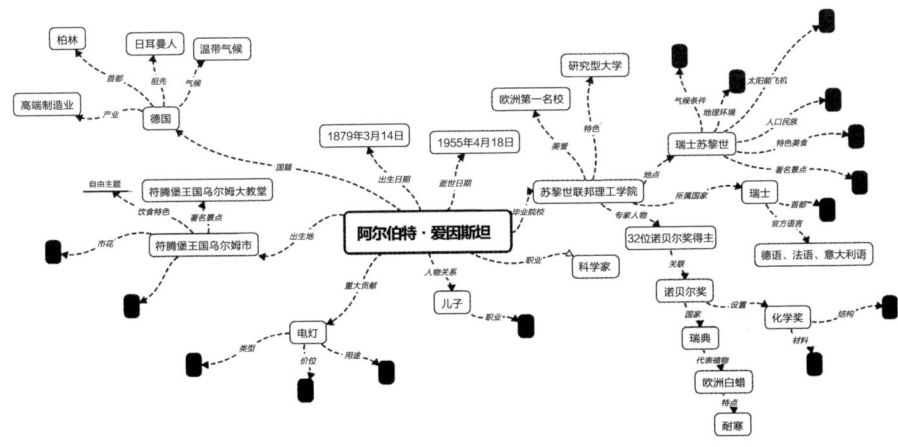

图4-2　爱因斯坦知识图谱

知识图谱在搜索引擎类产品中广泛使用[3]。我们在搜索引擎中输入一个关键词，它不但立刻返回关键词本身的信息和与关键词相关的内容，还有"猜您喜欢"的内容。知识图谱通过关键词检索即可返回本身的内容，但它为什么能猜到我们喜欢或可能感兴趣的话题呢？这是因为引擎后端的知识图谱不仅记录了大量的关键词，而且记录了关键词之间的紧密度，也就是我们每次点击之后的相关点击数据也会被记录，然后引擎再用这些数据来更新知识图谱中关键词之间的紧密度，让知识图谱变得越来越符合我们的搜索习惯。

二、教育知识图谱

知识图谱和教育有什么关系呢？假如你孤身一人来到一个陌生的地方，想找当地的风景名胜或者各店铺，你可以通过电子地图或地图攻略搜索一下，就可速达目的。从游玩场景变换到学习场景，如果我们需要学习一项新技能，如

3D 设计、封面创意设计、烘焙厨艺、打水球等，利用知识图谱，我们就可以看到将要学习的内容、相关知识点及其关联关系、相关课程、学习路径。你在学习图谱中找到自己目前的"位置"后，跟着图谱的指示走，就会逐步掌握这个技能。

三、构建流程

知识图谱的构建流程是从原始数据出发，采用一系列人机结合的手段，从原始数据中提取出知识要素，计算知识要素之间的关联，并将其存入知识库的数据层和模式层的过程[4]。这是一个迭代更新、人机结合的过程，每一轮迭代包含 3 个阶段：信息抽取、知识融合及知识加工，如图 4-3 所示。

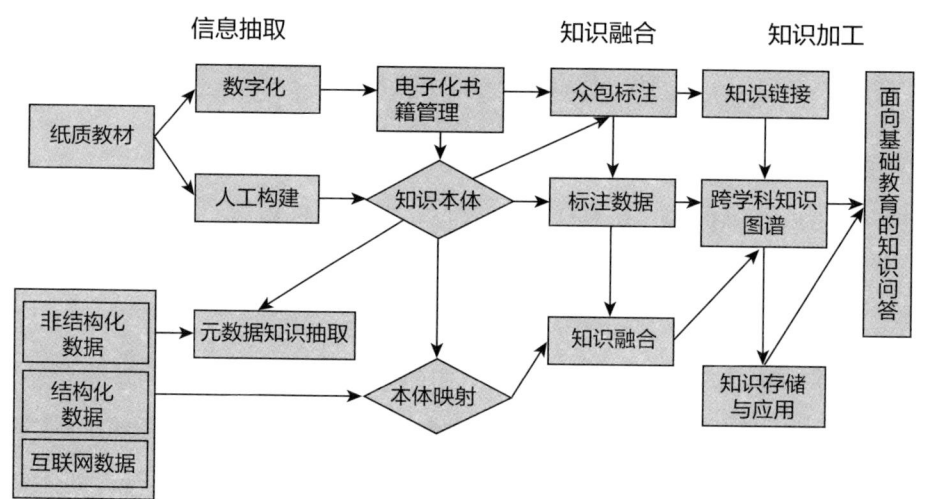

图 4-3　知识图谱的构建流程

1. 信息抽取

信息抽取[5]主要是为了从海量数据中抽取出有用的知识单位。关键技术包括实体抽取、关系抽取和属性抽取。实体抽取也称命名实体识别，是指从文本数据集中自动识别出命名实体。主要方法有启发式算法、基于统计的机器学习方法（KNN 算法 +CRF 模型）、开放域的信息抽取方法（层次结构的命名实体分类体系）等。关系抽取[6]是指从海量信息中抽取出实体之间的关系。主要方法有模式匹配、基于统计的机器学习方法（Bootstrap 算法的半监督学习方法、基于 Bootstrap 的协同训练方法、无监督学习方法）、面向开放域的方法（OIE、WOE）等。属性抽取的目标是从不同信息源中采集特定实体的属性信息，如昵称、生日、国籍等，实现对实体属性的完整勾画。

2. 知识融合

知识融合包括实体链接和知识合并两部分内容。知识融合的目的是消除概念的歧义，剔除冗余和错误概念，从而保证知识的质量。实体链接是指将从文本中抽取得到的实体对象链接到知识库中对应的正确实体对象的操作[7]。实体链接的基本思想是首先根据给定的实体指称项，从知识库中选出一组候选实体对象，然后通过相似度计算，将指称项链接到正确的实体对象[8]。知识合并是指将已经抽取出来并相称完整链接的新图谱合并到以前的图谱结构中。

3. 知识加工

事实本身并不等于知识，想要最终获得结构化、网络化的知识体系，还需要经历知识加工的过程。知识加工主要包括 3 个方面的内容：本体构建、知识推理和质量评估[9]。这些内容主要通过计算机自动推理和人工审核相结合的方法对形成的知识图谱进行审核，以形成真正意义上的知识。

在 K-12 教育领域，知识图谱需要具备准确性、全科性、全覆盖和可用性等特点，需要利用基础教育领域的权威教材和海量文本资源，通过人机结合的方式，以计算机抽取出来的结构为基础，通过专家经验法对结果进行修正、完善，最终形成完整的基础教育知识图谱。先后经历术语抽取（利用算法从教材中抽取术语）、知识补全（将外源结构化数据补充到知识图谱中）、信息抽取（从外援非结构化数据中抽取信息）、知识融合（多种来源知识融合到知识库中）、知识链接（将知识库实体链接到教材、教辅或课外读物）等过程。

四、应用场景

基于学科知识图谱的内涵、应用及其与智慧教育的适切性，本书认为学科知识图谱在智慧教育中的应用场景主要包括6个方面：学科知识点查询、知识关联查询、学科知识自动问答、学科知识资源推荐、个性化学习路径推荐和查询，以及学习兴趣迁移。

1．学科知识点查询

基于学科知识图谱，学习者可以查询某个知识点及其相关的知识点。例如，学习者想了解和"氢化物"有关的知识点，可以在查询框里输入"氢化物"，与该知识点有关的知识点便都能呈现出来。

2．知识关联查询

学习者可以输入两个知识点的名称来了解这两个知识点之间的关系。通过知识点识别技术对应到学科知识图谱中的两个节点，利用图算法在学科知识图谱上将两个节点之间的路径全部搜索出来，并且以可视化的方式呈现给学习者。例如，学习者想了解"一位数加法"与"借位减法"的关系，就可以通过学科知识图谱找出这两个知识点之间的所有路径，从而更好地厘清知识点之间的关系。

3．学科知识自动问答

基于学科知识图谱的问答系统会根据学习者的提问为其直接提供想要的答案，提高学习者的学习效率。目前，在搜索引擎中输入与学科相关的知识，很多情况下还不能直接得到答案。例如，在百度搜索引擎中输入"固体分为哪几种"，学习者在返回的结果界面中还需要进行二次检索才能找到"晶体和非晶体"这样的正确答案，而无法直接获得想要的答案。智慧教育提倡为学习者创设更加便捷、高效的学习环境，并提供更加智能的学习工具，而基于学科知识图谱的问答系统可以利用知识点之间的关联，运用自然语言理解技术，首先定位到知识点"固体"，其次将学科知识图谱中的关系"包括"与问题"分为哪几种"进行对应，最后找到知识图谱中"晶体和非晶体"的正确答案，将其直接呈现给学习者，不再需要学习者进行二次检索或筛选，减轻学习负担，提升学习体验。

4. 学科知识资源推荐

智慧教育的技术特征之一是按需推送，能够为学习者按需推送学习资源、学习服务、学习工具、学习活动等[10-11]，满足学习者个性化成长与发展的需求。然而，现有互联网中的学习资源大多无序、混乱、质量参差不齐，无法为学习者提供优质、个性化的学习服务。而学科知识图谱以知识点为核心，汇聚多模态的学习资源，各资源间通过知识图谱建立联系，以网状结构的形式呈现学科知识，从而可以利用知识间的关联性为学习者提供更好的资源推送服务。例如，基于学科知识图谱的学习平台可以在诊断学习者问题的基础上，根据图谱间的语义关系为其推送需要强化的知识点，实现知识点的"补弱"；同时，可以在发现其擅长知识点的基础上，为其推送拓展延伸性的知识点，实现知识点的"固强"。因此，学科知识图谱可以根据学习者当前的学习内容、浏览的学习资源、学习停留时间及学习者标签等信息为学习者推荐个性化的学习资源，满足其个性化学习的需求。

5. 个性化学习路径推荐和查询

智慧学习的目标理念之一是为不同学习者提供不同的学习路径、设置不同的学习进度，以实现学习者的个性化成长与发展。很多研究者提出，通过大数据、人工智能等技术可以实现学习者的个性化学习，但到目前为止，似乎没有特别成功的个性化学习案例。而学科知识图谱在这方面有望为研究者提供一个新思路。学科知识图谱将相关的学习知识建立联系，通过学习者当前学习的知识内容连接到后续相关的学习内容，为学习者推荐一条适合其现有知识水平的个性化学习路径。

此外，学科知识图谱还支持学习者学习路径的查询。例如，某位学习者已经掌握了化学元素的概念，但想要了解"氢化物的性质"，那么，该学习者查询"化学元素的概念"到"氢化物的性质"这两个知识点之间的连接关系，即可获得最合适的学习路径。需要注意的是，由于学习者学习风格、认知风格及知识掌握情况等因素的不同，即使是两个相同的节点，其学习路径也不尽相同。

6. 学习兴趣迁移

学习兴趣迁移[12]是通过设计一条由学习者兴趣点到学习目标之间的有效学习路径，创设"人人皆学、处处能学、时时可学"的学习型社会，实现智慧教育终身学习的目标。而学科知识图谱能够根据学习者的知识特点、学习兴趣，构建学习兴趣迁移路径，将某类学科的学习兴趣迁移到另一类学科，以提高学习者的学习兴趣，实现学习者学习的常态化与动态化，从而树立终身教育的理念与体系。例如，在化学教学中，如果学生对生物学中的植物有较浓厚的兴趣，教师在引入新的化学知识的同时，便可以利用学科知识图谱构建学科知识内容间的关系，从植物引到化学知识。"欧洲白蜡"作为瑞典的国树而引出"瑞典"，再由"瑞典"与"诺贝尔"的关系引出"诺贝尔"，之后则可以由"诺贝尔"命名的化学元素引出化学元素"诺"，从而将学习者对植物的兴趣迁移到化学知识的学习中，实现学习者学习兴趣的迁移，提高学习者的学习兴趣与学习效果。

五、行业应用

（一）国外的可汗学院

在线教育平台可汗学院通过构建数学学科的知识图谱来表示知识点之间的先后依赖关系。例如，两位数加法比一位数加法难度略高，一位数加法是两位数加法的基础，所以在知识图谱上，两位数加法对应的知识点要比一位数加法靠下，并且通过一根线进行连接。这种连接关系具有一定的传递性。例如，一位数加法是两位数加法的先修知识点，两位数加法是一位数乘法的先修知识点，则一位数加法也是一位数乘法的先修知识点。教师通过知识点之间的先后次序关系及学习材料的对应关系，可以了解学生的知识掌握情况，如果学生做错一道有关一位数乘法的试题，那么该学生可能没有完全掌握两位数加法或一位数加法，教师则可以为其提供比一位数乘法难度稍低的试题来定位学生没有完全掌握的知识点，进而准确考察学生的知识掌握情况，从而为学生推送个性化的学习资料，并制定个性化的学习路径。

（二）Knewton 平台

美国知名在线教育平台 Knewton 基于学科知识图谱，在个性化学习应用中取得了较好的效果，美国亚利桑那州立大学使用该平台来提高学生的数学水平，为每位学生提供针对性的指导，该校 2000 名学生使用平台两学期之后，毕业率从 64% 提升到 75%，学生数学成绩也大幅提高[13]。Knewton 平台通过学科知识图谱定位学习困难学生类型，主要考虑了 4 种逻辑关系，即包含、评测、指导、先序。其中：包含是指某个知识点包含另一个知识点，如知识点"氢化物"包含知识点"氢"；评测是指某个内容对某个知识的评价方式；指导是指某个内容对某个知识的具体讲解，通过该关系能够找到与该知识点相关的学习资源；先序代表了知识点之间的前驱后继关系，只有掌握前驱知识，才能开始后续知识点的学习。Knewton 平台利用这些关系，将不同学科、不同学段、不同知识点，以及所有的学习资源链接在一起，形成一个巨大的知识图谱，该平台以这个知识图谱为基础，诊断学生的认知水平，推送个性化的学习资源及个性化的学习路径等。

（三）清华大学的 eduKB

国内部分高校围绕学科知识图谱进行了一系列的理论研究与实践探索。例如，清华大学知识工程研究室构建了中国第一个基础教育的 RDF 知识图谱 eduKB。该知识图谱基于学科的知识概念体系，抽取当前基础教育 9 门课程教材（语文、数学、英语、物理、化学、生物、历史、地理、政治）的知识，共包含 2200 多万条三元组、162 万余个实例、1000 多个概念、4000 多个属性。其中，学科知识图谱中的知识来源包括标注库和外源库，标注库通过人工标注与自动标注相结合的方法，从教材中的标注知识进行获取；外源库主要从大百科全书和互联网中的数据进行获取。此外，该平台具备图搜索、推理和查询等功能，并且能够基于学科知识图谱为学习者提供准确、简洁的问答服务。

（四）北京师范大学的"唐诗别苑"

北京师范大学互联网教育智能技术及应用国家工程实验室研发的"唐诗别苑"——基于知识图谱的全唐诗语义检索与可视化平台，为学习者提供唐诗检索功能，提供诗人信息查询、诗人交友情况查询，以及诗歌地点、风格、教学阶段查询等功能[14]。例如，学习者输入"李白"后，该平台会显示与李白相关的知识图谱信息，包括李白的作品、好友、生平事迹等，还提供学习资源的链接，学习者可以跳转到其他页面学习更多关于李白及其相关的内容，支持学习者灵活实现知识迁移，如图4-4所示。此外，该平台还提供知识图谱可视化功能。例如，诗人的社交网络图显示诗人之间的好友关系，如图4-5所示，诗人迁徙游历图显示诗人的游历信息，作品地域热点图显示唐朝诗人最爱驻足的地方等。唐诗知识图谱的构建及可视化呈现，一方面能够为学习者提供多维度的知识呈现，丰富学习者的知识维度；另一方面有助于学习者在头脑中进行知识关联，激发学习者的创新意识，进而促进学习者更加主动积极地开展知识探索与实践。

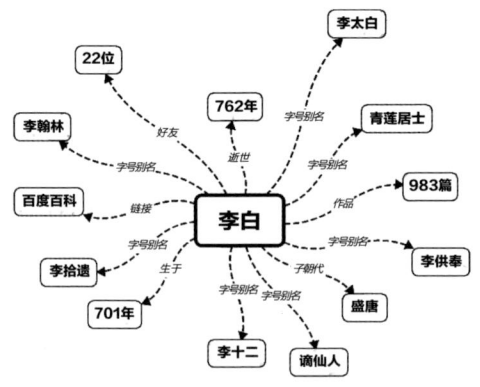

图4-4　李白的知识图谱

第四章 智慧教育的感知与分析 075

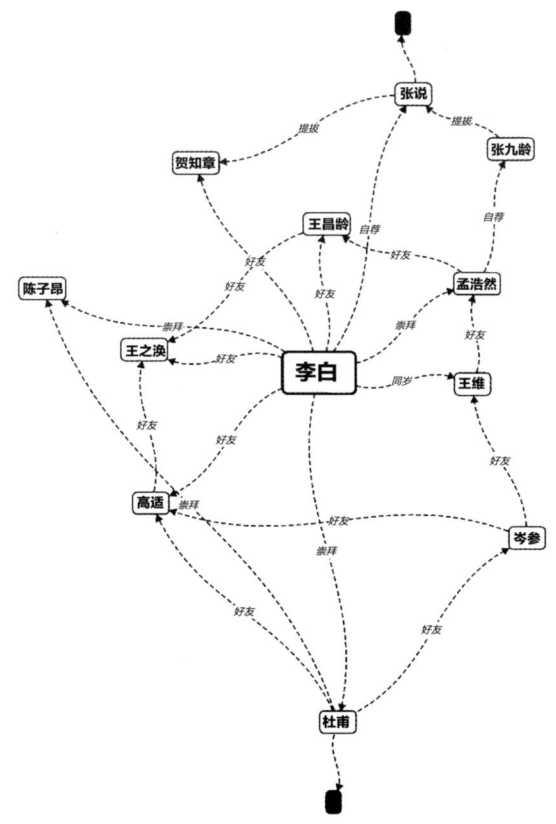

图 4-5 李白的社交网络

六、挑战

学科知识图谱在智慧教育中能够发挥重要的价值，助力智慧教育服务体系走向智能化、个性化和终身化，但其在智慧教育中的应用仍面临以下挑战。

1. 学科知识验证

垂直领域的知识图谱构建强调知识的深度和精确度，尤其是面向教育领域的学科知识图谱，所以其数据来源必须权威、准确，得到教育领域专家和教师的认可。然而，目前还缺少针对学科知识图谱的知识验证模型和算法。知识验证需要确保知识之间的一致性与准确性，一致性是指正确的知识应该与其他知识是相容的，而不是矛盾的；准确性是指没有拼写错误、不存在重复数据等。

2. 学科知识融合

学习资源是知识的载体，是教学和学习活动的基础与参照。未来学习资源的发展将走向生成性、情境性、分布式、社会性及开放性等。不同机构将构建针对不同学科、不同学段的学科知识图谱，但是如何将多源的知识图谱进行融合，从而使学科知识图谱在教育中发挥更大的作用，将是学科知识图谱面临的一大挑战。这主要包括学科知识图谱本体的融合及学科知识图谱知识点层面的融合。例如，不同教材对同一知识点的命名可能有所不同，这就需要对两种不同描述的知识点进行标准化处理。此外，不同教材学科内容不同，导致知识点之间的关系也会有所不同，这都增加了学科知识融合的难度。另外，智慧教育的发展需要全球教学资源无缝整合共享，这是突破教学资源地域限制的有效途径，同时，也能借此缩小世界的教育鸿沟，提升欠发达国家和地区的教育质量。然而，实现教学资源全球整合共享需要构建基于跨语言学科的知识图谱，而目前跨语言知识点对齐、跨语言学科知识本体对齐等都还存在非常大的挑战。

3. 学科知识图谱的自适应可视化

相同的知识点针对不同学段的学习者，其教学目标、教学内容及教学资源等都是不同的，针对学习者画像提供自适应的学科知识图谱可视化服务，与学习者已经有的知识体系建立关联，同时，支持学习者自身知识体系的动态演进，具有一定的挑战性。首先，学科知识图谱可视化内容的确定具有一定的难度，需要根据学习者的知识体系、画像特征等进行确定；其次，学科知识图谱的可视化设计也具有一定的难度，学习者的认知方法和学习方法等存在差异，导致学科知识图谱即便相同，其可视化的设计也复杂多样。

七、符号主义发展的产物

知识图谱是交叉学科的产物,在技术层面上主要是数学、图形学、信息可视化技术、信息科学等学科的交叉产物,但究其本质,知识图谱是人类哲学思想的一次进步,是符号主义发展的产物。从符号主义的观点来看,知识是信息的一种形式,是构成智能的基础,知识表示、知识推理、知识运用是人工智能的核心,知识可用符号表示,认知就是符号的处理过程,推理就是采用启发式知识及启发式搜索对问题求解的过程,而推理过程又可以用某种形式化的语言来描述,继而可能建立基于知识的人类智能和机器智能的同一理论体系。

第二节　学习分析——"偷偷陪伴"你

一、学习分析技术的发展与应用

在人工智能技术与教育融合的大背景下,智慧校园、网络学习、在线教育成为教育领域的热词。这些教育平台使人们获取到大量的学习数据[15-17]。深度学习、自然语言处理、语音识别、图像识别等技术的发展促进了数据挖掘技术的发展[18]。在教育领域,深入挖掘学习者的学习数据,利用学习者的学习行为数据研究学习者的行为特点和偏好,有利于制作出更符合学习者学习方式和习惯的教学资源[19];有利于开发出针对性、智能化更强的交互式教学平台;有利于教师改进教学方式方法;有利于提供更客观、更可靠、更全面的教学评价[20];有利于纠正问题学习行为,更有针对性地提出学习建议;有利于重构基于学习行为大数据分析的混合教学模式,从而提高学习者的学习效率[21]。为此,学习行为分析技术成为智慧教育领域的热点研究对象。

2011年2月,第一届学习和知识分析国际大会(1st International Conference on Learning Analytics and Knowledge)在加拿大艾伯塔省班夫市召开,同年成

立了学习分析研究协会（Society for Learning Analytics Research，SoLAR）。该协会对学习分析的定义强调学习者的重要性，即学习分析技术就是测量、收集、分析和报告关于学习者及其学习情景的数据，以期了解和优化学习和学习发生的情景。

美国普渡大学利用学习分析技术开放了 Signal 学业预警系统。学业预警是指学校针对学生在求学过程中出现的学业不佳、违规违纪等现象，对学生本人及家长做出及时提示，并采取相关措施以帮助学生顺利完成学业的一种监督管理制度。美国普渡大学的学业预警系统在发现具有中等程度退学倾向的学生方面起到了重要作用[22]。

学习分析技术在学校展开学习分析及应用过程主要包括收集学生学习数据、集成学生学习数据、分析学生学习数据、解释学生学习分析预测结果、完成学习分析报告及开展教学决策和干预。学习分析技术在实际教育管理过程中是一个循环过程，如图 4-6 所示。

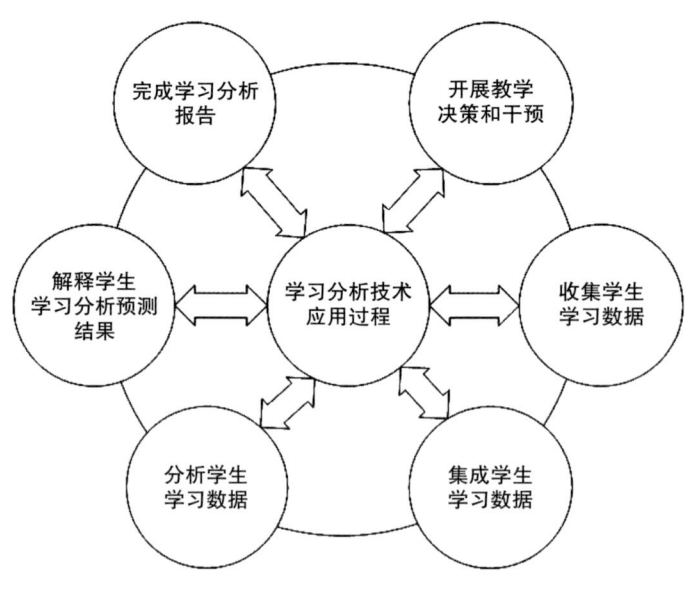

图 4-6　学习分析技术应用过程

当前，学习分析技术的研究热点主要包括 5 个方面，分别是学习分析的工具设计与可视化输出、基于学习过程的行为数据预测未来学习表现、虚拟学习社区中的交互文本与对话挖掘分析、学习者参与度注意力与情感研究、教育数据挖掘视角下的形成性评价。

二、学习分析技术在应用发展过程中的问题与挑战

学习分析技术在大数据的浪潮中应运而生，是一种运用多种方法和工具全面解读数据的技术，基于对学习系统所记录的学习轨迹数据的分析，获取学习规律，预测学习结果，为教师改进教学策略、学生改进学习方式提供依据。同时，学习分析技术在发展和应用过程中也面临着各种挑战[23]。

①学习分析技术的应用研究方面主要受到相关数据采集与处理技术的局限。首先，数据存储技术、数据处理与分析技术受到计算机硬件发展水平和计算能力的限制；其次，数据采集技术与分析技术仍处在不断发展中，距离智能化、自动化、系统化仍有较大差距；最后，数据兼容性问题使数据的跨平台操作与数据共享难以实现。

②隐私与伦理问题。学习分析技术的对象是学习者与学习相关数据，因此，数据收集与应用过程中必然涉及隐私与伦理问题。数据的来源除学习者、指导者、管理者、研究者等的人口学资料外，还包括学习与管理过程中的相关数据，这些数据的利用是否应考虑相关人物的隐私，是否应征求其同意？应用数据进行分析或研究的实施者是否有数据的使用权，所获得的数据是否应进行匿名化处理？学习分析技术被用来预测可能退学或退出课程学习的学生，或者预测学生可能获得的成绩，教师或管理者得到这一结果后，在采取干预措施时，是否有给学生"贴标签"之嫌？数据的使用权如何限定？学生或教师作为数据生成者是否有机会了解数据如何被使用及数据分析的结果？数据的安全性如何保证？

③学习分析技术标准的研究与制定缺乏相应标准。学习分析技术能够挖掘出教育现象背后隐藏的信息或规律，从而为学习成果预测、教学干预、实现学

习的个性化与自适应提供支持。但是，当前学习分析技术的应用多集中在研究领域，实践应用与推广仍不理想。学习分析的数据来源主要包括各种学习或课程管理系统、社会网络平台、客户端软件等，各种系统的架构体系不同，数据结构不同，采集方法也不同，数据的互通性（Interoperability）在很大程度上成为学习分析系统共通共用、进行推广的障碍。

④当前缺乏完善的学习分析技术理论体系。学习分析技术可以为教学、学习、管理、开发提供有力的数据分析支持，势必会推动教育模式的不断革新与教育理论的创新。然而，学习分析技术作为新兴的研究领域，涉及数据挖掘、网络技术、学习理论、教学理论、社会网络等多种理论与方法，其理论基础与自身理论框架仍未系统化、明朗化。学习分析技术在实现有效教学与有效学习过程中的地位与作用如何？学习分析技术在促进学生实现深度学习中应如何发挥作用？各学科理论如何有效支持学习分析实践？如何基于认知理论与学习科学原理对学习分析的结果做出符合理论规律与现实的解释？各种方法与技术在学习分析中扮演着何种角色，其协同发挥作用的机制如何？这些问题的回答都需要对学习分析理论体系进行梳理与构建。学习分析理论体系的建立，一方面依赖学习分析实践的不断发展与尝试；另一方面依赖于广大研究者的不断探索与总结，理论的完善又会指导并促进实践的不断演进，从而实现学习分析理论与实践循环前进的良性发展。

第三节　教学分析——比你更懂你的学习

教育信息化2.0促进了教育大数据的迅猛发展。基于教育大数据展开学生学习行为、学习效果分析等学情分析，可以改变以往教师基于经验主义和主观判断开展教学策略调整的弊端。这使得教育正在经历深刻的变革：教育模式从"依靠经验"向"依靠数据"转变；教学从"教师中心"向"学生中心"转变；教师对学生的关注从"宏观群体"向"微观个体"转变……教育大数据分析技术使得家长、教师、社会可以真正地了解学生,促进有效教学[24]、精准化教学[25]的发展和实施,优化教师教学策略,改变学生学习习惯,促进学生自主学习。

随着人工智能教育技术的发展,各类数字化学习平台和各种新的数字化学习技术在教育领域得以应用和推广,这使得获取大规模、具有分层性、周期性、阶段性、直观性的学生学习过程数据成为可能[26]。这些教育领域的大数据主要包括日常教学活动中教师的教学数据、学生的行为数据和结果等。利用数据挖掘、深度学习、自然语言处理等技术,开展学生学习过程数据分析,分析教学现象,研究教学规律和学生学习行为及其背后的原因,以此为依据实施个性化教学。福州第十一中学[27]各年级各阶段考试都进行分层色块成绩分析,分析各科、各班、各学生的成绩现状,对各层次学生进行跟踪,明确各类学生的学习现状。同时,找出每一位学生薄弱的科目,并以此确定学科教师为其导师。导师可根据学生的成绩数据分析,总结其成功的经验,找出其存在的问题和差距,对其进行有针对性的个性化辅导。

教育大数据采集流程如图4-7所示。其中,采集主体包括教师和学生,采集环境包括线上和线下的教育数据,线下教育数据主要基于以智慧教室为代表的智慧学习环境。智慧学习环境能通过可穿戴设备、传感器件、眼动跟踪等感知设备或技术,获取学生学习兴趣、学习参与度、学习投入度、课堂互动、知识摄取,甚至情感状态等的详细情况。采集数据类型包括课程数据、区域教育数据、学生群体数据、学生个体数据等。

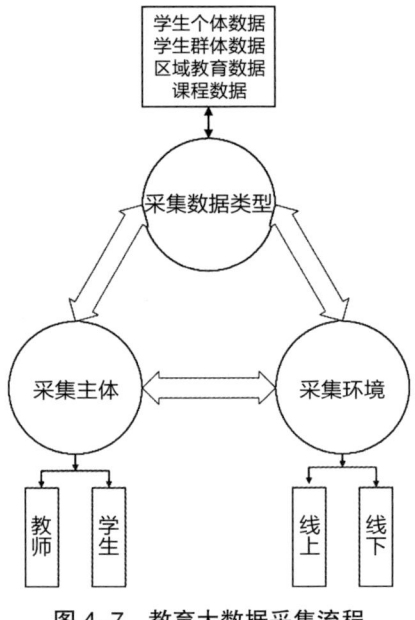

图 4-7　教育大数据采集流程

教学分析一体化流程如图 4-8 所示。其中，技术层是基础，主要是对收集的数据进行处理和表示；方法层是手段和中介，将数据与需求结合起来；应用层是对外输出，将教学分析结果应用于有效教学、精准教学、个性化教学和自适应教育等。

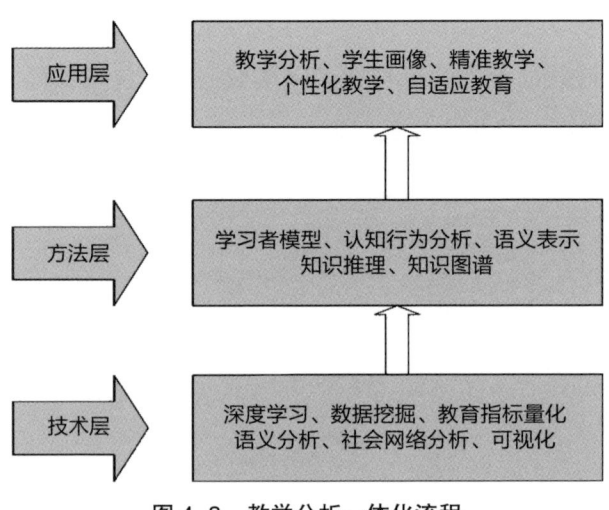

图 4-8　教学分析一体化流程

基于教育大数据挖掘的教学分析提升了教学质量[28]，增强了学生的主体学习意识。同时，基于教育大数据的教学分析技术对教育提出了更高的要求，包括教育设备的性能、教育大数据处理技能、教育教学观念、教师的网络教学能力、教师的数据处理分析能力等。这些因素的有机结合保障了有效教学和精准化教学的实施和实现。

第四节　总结

5G、物联网、云计算、混合现实、区块链、学习分析等智能技术为智慧学习环境的构建奠定了坚实的基础[29]。智慧学习环境是一种能感知学习情景，识别学习者特征，提供合适的学习资源与便利的互动工具，自动记录学习过程和评测学习成果，以促进学习者有效学习的学习场所或活动空间[30]。这为学生的学习行为分析和教师对学生的教学分析提供了数据基础，使得学习分析技术成为智慧教育领域的研究热点[23, 31-32]，同时引发了人们对有效教学和精准化教学的关注与研究，进一步推动了教育的数字化和个性化，为学习者中心的创新教育模式打下技术基础。

参考文献

[1] 杨萌，张云中. 知识图谱，科学知识图谱和谷歌知识图谱的分歧和交互[J]. 情报理论与实践，2017（5）：122-126.

[2] 王富强. 空间知识图谱构建理论和方法研究[D]. 郑州：中国人民解放军战略支援部队信息工程大学，2013.

[3] 陈毅波. 基于关联数据和用户本体的个性化知识服务关键技术研究[D]. 武汉：武汉大学，2012.

[4] 万海鹏，李威，余胜泉.大规模开放课程的知识图谱分析：以学习元平台为例 [J].中国电化教育，2015（5）：30–39.

[5] 匡泽民，李健铨，邓楠.信息抽取在构建医学知识图谱中的应用及进展 [J].医学信息学杂志，2021，42（1）：29–35.

[6] 彭博.融合知识图谱与深度学习的文物信息资源实体关系抽取方法研究 [J].现代情报，2021，41（5）：87–94.

[7] 梁顺攀，涂浩，王荣生，等.融合重要性采样和池化聚合的知识图推荐算法 [J].小型微型计算机系统，2021，42（5）：967–971.

[8] 张鹏举，贾永辉，陈文亮.基于多特征实体消歧的中文知识图谱问答研究 [J/OL].计算机工程，1-10 [2021-05-12]. https：//doi.org/10.19678/j.issn.1000-3428.0060438.

[9] 王一军.大学课程新使命：再造知识发现、加工与传播的连续体 [J].清华大学教育研究，2020，41（4）：115–129.

[10] 胡钦太，郑凯，胡小勇，等.智慧教育的体系技术解构与融合路径研究 [J].中国电化教育，2016（1）：49–55.

[11] 黄荣怀.智慧教育的三重境界：从环境、模式到体制 [J].现代远程教育研究，2014（6）：3–11.

[12] 李策，张栋，杜少毅，等.一种迁移学习和可变形卷积深度学习的蝴蝶检测算法 [J].自动化学报，2019，45（9）：1772–1782.

[13] 王硕烁，马玉慧.国外典型自适应学习平台的基本框架及其关键技术分析 [J].开放学习研究，2018，23（1）：48–54.

[14] 李艳燕，张香玲，李新，等.面向智慧教育的学科知识图谱构建与创新应用 [J].电化教育研究，2019，40（8）：60–69.

[15] 余胜泉，李晓庆.区域性教育大数据总体架构与应用模型 [J].中国电化教育，2019（1）：18–27.

[16] LEI Y, UREN V, MOTTA E. SemSearch：a search engine for the semantic web [C]// proceedings of the 15th inernational conference on Managing Knowledge in a World of

Networks. Berlin: Springer, 2006: 238-245.

[17] 伍杰华, 付慧平. MOOC 学习行为的统计、预测与展望[J]. 工业和信息化教育, 2017(2): 81-89.

[18] 曹慧娟, 王晓春, 刘彦蓉. 国内教育数据挖掘文献的知识图谱分析[J]. 中国教育信息化, 2019(17): 5-8.

[19] 顾云锋, 吴钟鸣, 管兆昶, 等. 基于教育大数据的学习分析研究综述[J]. 中国教育信息化, 2018(7): 1-6.

[20] 王旭. 基于数据挖掘的学生行为习惯与学习成绩的关联性研究[D]. 上海: 上海师范大学, 2019.

[21] 许美玲, 张丽华, 郭步. 基于慕课的教育大数据挖掘研究与实践[J]. 中国信息技术教育, 2019(10): 101-105.

[22] 张彤彤. 国外高校学习分析应用案例探析[J]. 中国信息技术教育, 2016(13): 142-145.

[23] 张昕禹, 梁越, 高茜. 基于文献可视化分析的我国在线学习行为研究现状与趋势[J]. 开放学习研究, 2019, 24(5): 16-23, 28.

[24] 陈明选, 耿楠. 测评大数据支持下的有效教学研究[J]. 远程教育杂志, 2019, 37(3): 95-102.

[25] 陈珍珍. 基于区域基础教育大数据视域下的精准教学研究[J]. 教育现代化, 2019, 6(41): 135-136.

[26] 王鑫. 基于教育大数据的教学改革研究[J]. 教育理论与实践, 2019, 39(25): 54-58.

[27] 汪孝泉. 基于大数据诊断推进个性化学习的精准教学实践研究[J]. 中学理科园地, 2019, 15(4): 10-11.

[28] 林秋莎. 借助大数据优化教学评价和学情诊断[J]. 中小学数字化教学, 2018(2): 38-40.

[29] 兰国帅, 郭倩, 魏家财, 等. 5G+智能技术: 构筑"智能+"时代的智能教育新生态系统[J]. 远程教育杂志, 2019, 37(3): 3-16.

[30] 黄荣怀, 杨俊锋, 胡永斌. 从数字学习环境到智慧学习环境: 学习环境的变革与趋势[J]. 开放教育研究, 2012, 18(1): 75-84.

[31] 赵以霞，王鑫，金昆，等.国内大数据环境下学习分析技术研究路径及趋势分析[J].现代教育技术，2019，29（8）：34-40.

[32] 梁茜，皇甫林晓.国外自适应学习技术的研究主题及趋势：基于 Web of Science 文献关键词的可视化分析[J].中国远程教育，2019（8）：47-58.

● ● ● ● 第五章

智慧教育的推理与决策

数据驱动的教育决策将成为推动教育改革的重点。如图 5-1 所示，在智能时代，教育大数据为智能分析提供数据基础，而教育分析技术推动了以智能导学系统为核心的新型教育应用的发展。基于网络学习平台和智慧学习环境，教育大数据得以收集，推动了教育质量测评技术、学生画像及教育管理等智能分析技术的发展，进而催生了以智能导学系统为核心的新型教育应用。在这个背景下，基于数据驱动的教育决策为学校和教育管理者提升教育质量、改变教育模式提供了参考依据，人工智能技术将赋予教育管理信息系统新的功能。利用支持向量机、朴素贝叶斯、人工神经网络、K-最近邻法及决策树方法分析教育大数据，量化、诊断、评估、分析学生学习过程。这一方面可以为教师提供实时反馈，优化教学过程；另一方面可以为教育管理决策者提供相关学校和地区的教育报告，优化教育管理，整体提升教育质量。

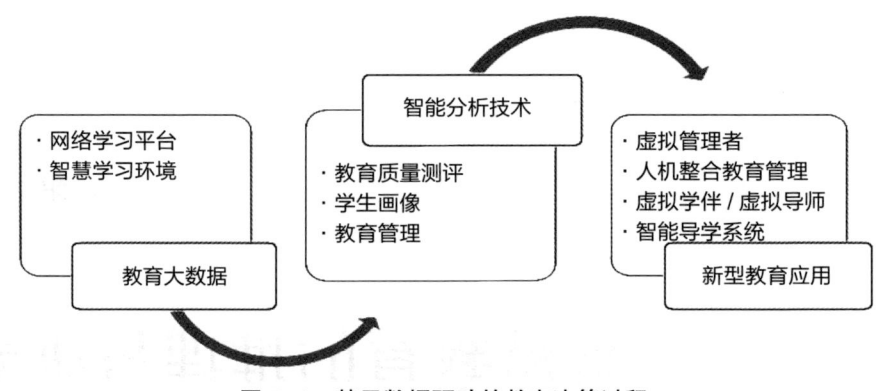

图 5-1 基于数据驱动的教育决策过程

第一节 虚拟伙伴——贴心的学习伙伴

虚拟伙伴,又称虚拟学伴、智能学伴、智慧学伴,是随着网络技术、智能技术的发展而产生于网络学习[1]、虚拟学习社区或智能学习系统中的,可以提供个性化学习服务的一个功能角色。其通过分析后台的学生学习轨迹[2],开展学生个性化测评,站在同龄人的角度与学生互动,为学生匹配个性化学习任务,推荐个性化学习资源,使学生在网络学习中不再感到迷茫,有利于培养学生自我管理意识。虚拟伙伴是利用学习者的学习轨迹数据,以及基于传感器获取的学习者情绪、体征数据,分析学习者的学习特点,结合人工智能中的算法,设计开发出一个能与学习者进行交流、互动和沟通的虚拟伙伴。同时,它可以帮助和引导学习者进行学习,并为其推荐个性化学习资源,提高学习者的学习兴趣和效率。

虚拟伙伴的主要功能如下[3]。

①情感交流:智能判断学习者的状态,与学习者互动交流。

②调动学习者的主动性:根据学习者实时学习情况,动态调整学习者学习内容,增强学习者的学习意志。

③实时跟踪学习者学习轨迹，动态调整学习进度：记录学生的学习过程，智能地为学习者提供适当的学习内容。

当前，国内外对虚拟学习社区的研究仍处于概念、学习策略和学习模式等理论层面，应用研究较少。在虚拟伙伴的研究中，非人力资源方面的学习资源推荐模型算法研究较多[4-7]，涉及人力资源学习伙伴的推荐研究较少[8]，主要集中于学习者模型、学习者情绪感知、学习行为模型、学习分析技术、自适应学习分析等方面[9]。

第二节 虚拟教师——悉心的引导者

人工智能与教育的深度融合[10]，推动了课堂教学模式、教学环境的重大变革。借助于人工智能、5G、大数据、物联网、云计算、虚拟现实和增强现实（VR/AR）等技术，全新的学习环境和开发空间已经形成，并逐步推广应用，教学方式、学习方式和评价方式都发生了改变。智慧教室实现了学生与知识信息的互动交流，成为大数据支持的智慧学习中心，推动了智能导师、虚拟教师的应用实践，为每个学习者提供全天候、1对1陪伴的智能教师和学伴。

虚拟教师的概念形成与发展源于20世纪50年代的计算机辅助教学，到60年代增加了互动性，70年代出现了智能导师系统，增加了虚拟教师系统的智能性，直至21世纪，形象逼真、表情丰富、动作生动、行为真实的虚拟教师出现[11]。虚拟教师是指在网络学习或辅助教师教学中的一种AI设备或软件技术，具有表达知识、监控引导学生、收集学生数据、自适应个性化教学、回答学生问题、减轻教师繁重的重复劳动的功能。

目前，虚拟教师已经在教学中发挥了作用[12]。美国学者托马斯·阿内特充分肯定了虚拟教师在教学中的优势，在全新的教学模式中，混合式学习允许将复习乘法表或词汇的工作交付给计算机虚拟教师，以便传统教师专注于最有价值的教学方面，如指导学生开展探索性学习项目。实施混合式学习并不能缺少教师，它只是替代了教师认为最繁重的一些工作。对于教师而言，提供写作课作业的全面反馈需要耗费大量的时间和精力，而虚拟教师既能检查一般性错误，又能深入分析写作的意义、主题和论点，为学生提供详尽的反馈意见。在网络课程中，虚拟教师具有较大的灵活性，可以中断视频讲座向学生提问，也可以回放视频片段帮助学生理解特定的内容。这种及时的教学支持可以有效填补传统教学模式中教师指导的空白。虚拟教师会在很多方面成为传统教师的有益补充。例如，在日本东京 Qubena 补习学校中，AI 虚拟教师可以实时了解学生的学习情况，通过和传统教师的有效配合，帮助学生更好地处理学习过程中遇到的障碍，从而提升了学生的学习效率，有效改善了学习效果。

国内学者在虚拟教师的情感模拟、情感表达，以及基于智能体技术的三维虚拟教师方面展开研究[13-15]。随着人工智能技术的发展，知识图谱技术能从语义角度表征现实世界的概念及其关联关系，可以有效地进行智能化推理，从此虚拟教师进入深度智能阶段，实现人工智能模拟教师育人的社会性发展，更智能地感知和更准确地理解用户需求，协同各方力量助力用户高效地解决育人问题，提升服务的质量和效率[16]。

第三节　ITS 系统——专属你的学习天地

1984年，教育心理学家本杰明·布鲁姆提出了著名的"两个标准差现象"，即接受1对1辅导的学生的成绩比接受传统教学方法的学生提高了两个标准差。随着教育领域对大规模1对1辅导的实际需求，以及计算机、心理学、教育学的发展，20世纪80年代智能导学系统（Intelligent Tutoring System，ITS）出现。目前，ITS可以针对网络学习中大量自学者认知水平、学习背景、学习偏好、学习需求等方面的差异，运用人工智能技术，动态分析学习者的学习情况，实现对学习者的有效引导[17]。由此可知，ITS是一种基于计算机的智能化学习环境，主要是以人工智能、计算机科学、教育学、心理学、数学建模、脑神经科学等为基础而形成的。它通过对学习大数据进行聚类分析和智能评估，预测学习水平，发现学习问题，推荐个性化的学习资源和策略，进而实现个性化的精准学习和辅导。

ITS通用框架真正从2012年开始研究[18]，其4个主要部分已被智能导学研究领域的研究者所公认，包括学习者模型、领域模型、教学模型和接口模型（传感器模块），通过构建虚拟导师或虚拟学生等角色，完成为学生制订学习计划、收集学生信息、学生学习情况反馈、学生学习个性化引导、学习资源推荐等任务。

国内学者对ITS研究比较晚，主要研究有基于"导学案"的ITS[19]、以知识点为中心的ITS[20]、基于移动端的ITS[21]，这些研究大多是一种支持学生学习的学习软件。国外学者对ITS的研究较多，为提升ITS的核心功能，专家研究将人机互动功能逐步加入该系统[22]；为解决ITS不能对学生的认知结构中进行诊断的问题，在学习行为和认知诊断的个性化资源推荐方法的基础上[23]，将情感模型引入该系统，以提升其个性化指导功能[24]；为提升ITS的辅助学生学习功能，模糊检索系统被应用到该系统中，以帮助学生更好地学习[25]。为满足学习者最迫切的需求，研究者也在关注ITS的数据整合、选择性注释等功能[26]。智能辅导系统[27]、自适应测评[28]、试卷自动评估、智能评估系统是ITS研究的必备功能，也是当前的研究热点。然而，ITS面临着如何支持开放的问题解决式学习，以及如何培养学习者分析问题、解决问题的能力的挑战[29]。

整体来看，ITS在国外已有应用[30]。但是，研究大多数停留在理论研究阶段，缺乏对学习者个性信息的有效挖掘，缺乏合适的效果评价机制，缺乏对标准和规范的支持。这类研究一般在实验室环境下能取得较好的效果，但在实际应用中还没有能够稳定运行、处理大数据量的成功应用案例[18]。

第四节 教育全过程评价与决策

教育事业的改革与发展离不开教育评价体系的发展，合理的教育评价实践有利于保障国家教育方针的顺利实施。我国《国家中长期教育改革和发展规划纲要（2010—2020年）》中指出，要改进教育教学评价，根据培养目标和人才理念，建立科学、多样的评价标准，开展由政府、学校、家长及社会各方面参与的教育质量评价活动[31]。习近平总书记在全国教育大会上提出，要深化教育体制改革，健全立德树人落实机制，扭转不科学的教育评价导向，从根本上解决教育评价指挥棒问题[32]。为适应未来教育发展，保持教育评价方法与时俱进、蜕旧更新，国务院颁布《深化新时代教育评价改革总体方案》（以下简称《总体方案》）[33]。在改革方法上，《总体方案》强调要利用人工智能、大数据等现代信息技术，探索开展学生各年级学习情况全过程纵向评价、德智体美劳全要素横向评价，完善评价结果运用，综合发挥评价的导向、鉴定、诊断、调控和改进作用；在改革任务方面，《总体方案》提出要强化过程评价，探索增值评价，健全综合评价。

在国家政策红利和人工智能技术的支持下，教育过程的虚拟管理者——教育全过程评价与决策，登上了教育与人工智能深度融合的历史舞台。借助于物联网、云计算、大数据及新一代人工智能技术在教育领域的成功应用，教育全过程评价与决策推动教育数据评价与决策向精准化、多元化、综合化、实时性、公平化和客观性转化，其可以辅助教师精确把握学生学习起点，灵活调整教学策略，动态组织教学内容，实时反馈学生个性化特征，为学生个性化学习定制学习目标、推荐个性化学习资源。

由于缺乏数据支撑，传统教育全过程评价结果不能对学生情况和教学效果给出全面、精准的评价，教学效果难以全面改善与提升，评价结果的受益者较少，有用性和有效性不够。教育大数据为教学分析与诊断提供了客观的数据支持，为提升教学效果提供多元化的参考信息，针对存在的问题给予个性化反馈意见，评价结果受益者众多[34]。利用互联网大数据对学生进行课前、课中、课后的全过程评价。利用课前评价数据，教师可以根据统计结果和教学目标有针对性地制定课堂教学方案；利用课中的学生答题记录，教师可以准确分析学生的课堂参与情况，以此为基础为学生布置有针对性的课后作业；利用对学生课后作业的评估情况，教师有针对性地开展后续精准化的教学设计。同时，利用互联网大数据挖掘学生的学习问题、学习风格和学习行为，有利于教师有针对性地制定教学策略，并采取有效手段引导学生[35]。数据驱动的教育评价过程主要包括确定评价目标、教育大数据采集、教育大数据处理、教育大数据智能分析、评价结果生成和评价结果反馈6个主要阶段[36-37]（图5-2）。

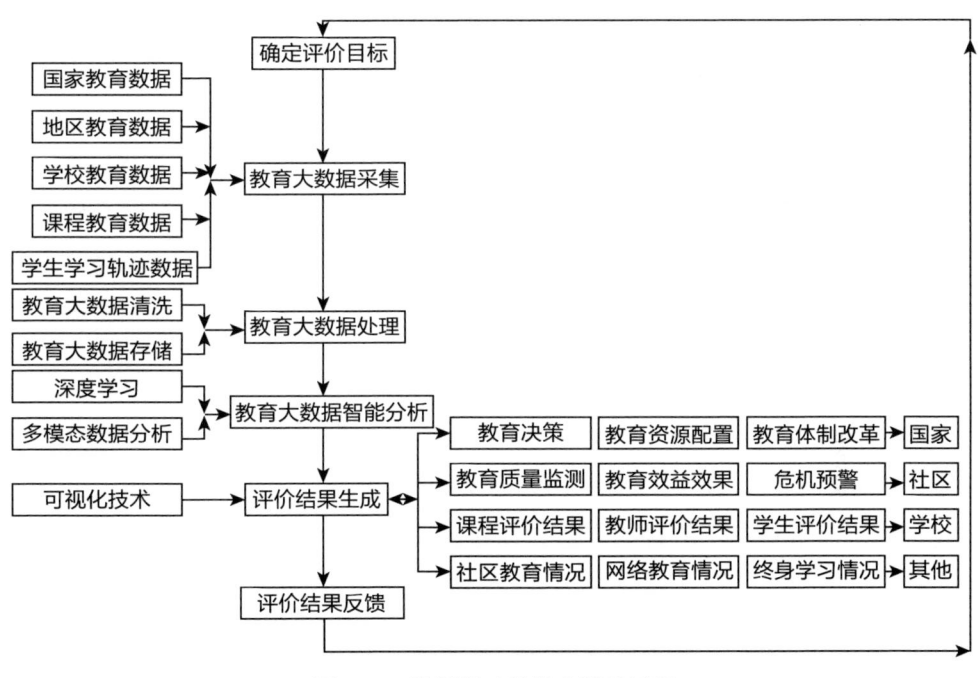

图 5-2　数据驱动的教育评价过程

在国家层面，基于大数据的教育评价主要用于质量认证、教育问责和学校改进，从宏观上评估教育体系的结构、效益等要素之间的一致性，为制定国家教育政策提供一定的数据支撑和方向引导。经济合作与发展组织认为荷兰是教育体系最为发达的国家之一，主要是因为荷兰坚持以数据为基础开展科学化测评。同时，在教育发达的芬兰，国家教育评价机构主要用于帮助评价对象自我改进。在国内，包头市于2017年开展高中增值评价工作，于2018年根据基线测试数据完成了教育发展质量起点报告。然而，当前教育全过程评价与决策过程还存在着教育数据误读的现象，因此，要想利用好大数据评价教育体系，教育管理者和广大教师必须不断提高数据应用意识和数据解读能力，善于挖掘数据背后的价值，以更好地服务学校改革、区域改进及教育科学决策。同时，当前用于教育测评的智能工具和技术还有待进一步改进，以提升教育大数据的全过程评价效果，改善教学策略，实施个性化教学。

第五节　人机融合的教育管理

　　教育管理作为教育系统的一个组成部分，是管理者通过组织协调教育队伍，充分发挥教育人力、财力、物力等信息作用，高效率地实现教育管理目标的活动过程。在教育管理过程中，借助新兴技术，运用科学智慧的管理手段，可以全面准确地掌握全国教育的动态数据，对于提高教育服务水平、支持教育科学决策、加强教育管理具有重要意义。

　　以云计算、数据挖掘、移动互联网等为基础的大数据技术为教育研究带来了数据获取、存储、分析和决策等方面的支持。随着信息技术的发展，技术与教育的深度融合推动了教育的变革与创新，这为人机融合的教育管理的发展提供了契机。

　　人机融合的教育管理是指大数据渗透和融入教育领域，引发教育管理和决策向更加智慧的方向发展和迈进，借助于大数据挖掘算法和分析技术，实现教育管理的自动化、科学性、实时性、可视化、动态化、精确化和规范化，使教育决策人员能够及时准确地掌握决策信息，促进教育决策的规范化、科学化，推动教育决策机制的不断优化[38-41]。

　　人机融合的教育管理流程如图 5-3 所示，主要包括收集整合教务、学业、科研等教育管理各系统数据，并基于机器学习、深度学习及多模态数据处理技术分析各类教育系统数据，获取学校教师教学情况、设备使用情况、科研情况等分析报告，并将这些分析结果可视化，然后开展教育管理决策，将管理指令及时发放到各个级层，具体细节如下。

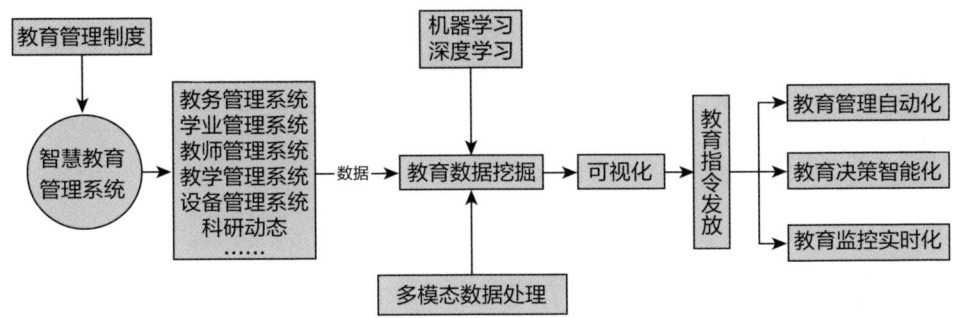

图 5-3　人机融合的教育管理流程

①对教育管理数据进行管理：主要是利用电子监控设备和传感设备对教师教学过程、学生的学习过程、学校的教学资源设备及学校的校园安全进行全面的智能监控，同时建立智慧教育管理系统平台，进而实现对教育管理数据的记录管理。

②对教育管理数据进行分析和预测：管理者可通过智慧管理云平台对数据库中采集的相关教育信息进行分析。利用多模态数据处理技术、机器学习及深度学习方法对教育数据信息进行处理，进而找出数据信息中的重要潜藏信息。

③利用可视化特征开展教育管理决策：管理者在利用智慧管理云平台对数据库中的数据进行分析处理后，利用智慧管理的可视化视频图像管理系统将挖掘所获得的教育数据报告以图表或视频的形式进行展示，从而提升管理者的决策效率。

④将管理指令发放到各个级层：当管理决策形成后，管理者可利用智慧教育管理系统将管理指令直接发放给各层级的管理者，提升信息的传输效果，提升管理效率。

人机融合的教育管理利用大数据技术提升了教育管理的质量与效率，为学校教育管理带来了机遇。同时，学校教育管理也面临教育管理要求提升、碎片化数据挖掘难度提升[42]和辨别信息真伪难度提升的问题，这对教育管理者的素质及信息化、人工智能技术提出了更高的要求。

随着人们大数据意识的提升、人机融合的教育管理体系顶层设计的改善[43-44]、教育管理团队的组建、教育管理制度的完善，人机融合的教育管理必将推动教育的整体质量大幅提升，推动教育向精准化、个性化、科学化、公平化方向发展[45]。

第六节 总结

虚拟伙伴、虚拟教师、ITS、虚拟管理者、人机融合的教育管理都是随着互联网、大数据、物联网、云计算等技术的出现和发展而产生的智能教育系统。其主要功能是提供引导、推荐、个性化学习、全过程评价和决策及人机协同的教育管理等个性化教育服务。它们的功能略有差异，但实现流程相似，都是基于教育数据，利用数据挖掘技术探寻服务对象特征，结合服务对象特征给予个性化教育服务。

这些智能教育系统是教育学、心理学、计算机科学，乃至认知神经科学等多学科交叉融合的成果，随着机器学习、深度学习、知识图谱、自然语言处理、语音识别、人机交互及数据挖掘等技术与教育的深度融合与发展而逐步完善，进而在教育领域推广应用。

参考文献

[1] 兰丽娜，石瑞生，勾学荣. 基于学习行为模型的学习伙伴推荐方法研究[J]. 现代教育技术，2018，28（4）：67-73.

[2] 李晓庆，余胜泉，杨现民，等. 基于学科能力分析的个性化教育服务研究：以大数据分析平台"智慧学伴"为例[J]. 现代教育技术，2018，28（4）：20-26.

[3] 张攀峰，寻素华，吉丽晓."智能学伴"在小学游戏化学习社区中的情感交互设计[J].中国电化教育，2014（10）：123-128.

[4] 裴艳.基于学习分析的学习资源个性化推荐研究[D].西安：陕西师范大学，2015.

[5] 白雪，陈方华，李士平.基于社会化标签的学习资源与学习伙伴推荐研究[J].软件导刊（教育技术），2014，13（7）：78-79.

[6] 杨韶华.碎片化学习资源信息表示及个性化推荐策略研究：以《计算机组装与维护》课程为例[J].电脑知识与技术，2019，15（16）：104-105.

[7] 李浩君，项静，华燕燕.基于KNN算法的mCSCL学习伙伴分组策略研究[J].现代教育技术，2014，24（3）：86-93.

[8] 张杰，林木辉.基于主题学习的学习伙伴推荐算法[J].计算机系统应用，2014，23（8）：119-124.

[9] 郑林，刘微娜，王小琼，等."智慧学伴"促进初中历史精准教学的探索[J].中国电化教育，2019（1）：65-69.

[10] 蔡宝来.教育信息化2.0时代的课堂变革：实质、理念及场景[J].海南师范大学学报（社会科学版），2019，32（4）：82-88.

[11] 赵慧勤，孙波，张春悦.虚拟教师研究综述[J].微型机与应用，2010，29（5）：1-5，8.

[12] 张优良，尚俊杰.人工智能时代的教师角色再造[J].清华大学教育研究，2019，40（4）：39-45.

[13] 赵慧勤，孙波，胡晓雁，等.基于体态语言的三维虚拟教师情感表达[J].计算机工程，2011，37（23）：159-161，164.

[14] 孙波，赵慧勤，李丽，等.三维虚拟教师的设计与应用研究[J].电化教育研究，2009（12）：37-40.

[15] 赵慧勤，孙波.网络环境下基于虚拟现实技术的情感教学环境的构建[J].中国电化教育，2009（4）：101-104.

[16] 余胜泉，彭燕，卢宇.基于人工智能的育人助理系统："AI好老师"的体系结构与功能[J].开放教育研究，2019，25（1）：25-36.

[17] 林海平,檀晓红.适合大规模网络学习的个性化导学系统[J].中国远程教育,2009(9):68-71.

[18] 胡祥恩,匡子翌,彭霁,等.GIFT:通用智能导学系统框架[J].人工智能,2019(3):22-28.

[19] 尚晓晶.基于"导学案"教学模式的智能导学系统的设计开发与实证研究[D].锦州:渤海大学,2013.

[20] 康健.以知识点为中心的智能导学系统的研究与实现[D].长春:东北师范大学,2010.

[21] 唐崇华.基于移动端的智能导学系统研究[J].软件导刊,2016,15(3):93-96.

[22] 杨翠蓉,陈卫东,韦洪涛.智能导学系统人机互动的跨学科研究与设计[J].现代远程教育研究,2016(6):103-111.

[23] 马玉慧,王珠珠,王硕烁,等.面向智慧教育的学习分析与智能导学研究:基于RSM的个性化学习资源推送方法[J].电化教育研究,2018,39(10):47-52,82.

[24] 龚礼林,刘红霞,赵蔚,等.情感导学系统(ATS)的关键技术及其导学模型研究:论智能导学系统走向情感导学系统之意蕴[J].远程教育杂志,2019,37(5):45-55.

[25] HERRERA-VIEDMA E,LÓPEZ-HERRERA A G,ALONSO S,et al.A computer-supported learning system to help teachers to teach Fuzzy Information Retrieval Systems[J].Information retrieval,2009,12(2):179-200.

[26] APARICIO F,MORALES-BOTELLO M L,RUBIO M,et al.Perceptions of the use of intelligent information access systems in university level active learning activities among teachers of biomedical subjects[J].International journal of medical informatics,2018,112:21-33.

[27] NABIYEV V V,ÇAKIROĞLU U,KARAL H,et al.Application of graph theory in an intelligent tutoring system for solving mathematical word problems[J].Eurasia journal of mathematics science & technology education,2016,12(4):687-701.

[28] WONG L H,LOOI C K.Swarm intelligence:new techniques for adaptive systems to provide learning support[J].Interactive learning environments,2012,20(1):19-40.

[29] KOEDINGER K R, ALEVEN V. An interview reflection on "intelligent tutoring goes to school in the big city"[J]. International journal of artificial intelligence in education, 2016, 26(1): 13-24.

[30] 朱莎, 余丽芹, 石映辉. 智能导学系统: 应用现状与发展趋势——访美国智能导学专家罗纳德·科尔教授、亚瑟·格雷泽教授和胡祥恩教授[J]. 开放教育研究, 2017, 23(5): 4-10.

[31] 国家中长期教育改革和发展规划纲要工作小组办公室. 国家中长期教育改革和发展规划纲要（2010—2020 年）[EB/OL]. (2010-07-29) [2021-05-13]. http://old.moe.gov.cn/publicfiles/business/htmlfiles/moe/info_list/201407/xxgk_171904.html.

[32] 习近平全国教育大会重要讲话金句速览[EB/OL]. (2018-09-10) [2021-05-13]. http://politics.people.com.cn/n1/2018/0910/c1001-30284629.html.

[33] 中共中央, 国务院. 深化新时代教育评价改革总体方案[EB/OL]. (2020-10-13) [2021-05-13]. http://www.moe.gov.cn/jyb_xxgk/moe_1777/moe_1778/202010/t20201013_494381.html.

[34] 陈明选, 耿楠. 测评大数据支持下的有效教学研究[J]. 远程教育杂志, 2019, 37(3): 95-102.

[35] 姚强. 如何利用互联网大数据助力教学评价发展[J]. 西部素质教育, 2019, 5(11): 237.

[36] 杨现民, 顾佳妮, 邢蓓蓓. "互联网+"时代数据驱动的教育评价体系构架与实践进展[J]. 浙江师范大学学报（社会科学版）, 2019, 44(4): 16-26.

[37] 荣荣, 杨现民, 陈耀华, 等. 教育管理信息化新发展: 走向智慧管理[J]. 中国电化教育, 2014(3): 30-37.

[38] 刘凤娟. 大数据的教育应用研究综述[J]. 现代教育技术, 2014, 24(8): 13-19.

[39] 吴玮. 国内外教育大数据的应用研究综述[J]. 中国校外教育, 2017(18): 83-85.

[40] 罗远哲, 张健, 李雪茹, 等. 大数据视角下教育管理和决策优化研究[J]. 中国管理信息化, 2019, 22(5): 162-164.

[41] 张畅. 大数据时代学校教育管理的机遇、挑战与应对[J]. 教学与管理, 2019(18): 45-47.

[42] 王松. 高职院校教职工流动党员教育管理机制研究[J]. 长沙民政职业技术学院学报，2019，26（2）：37-39.

[43] 赵小锋. 大数据时代下高等教育管理的挑战及对策探讨[J]. 湖北开放职业学院学报，2019，32（5）：27-28，31.

[44] 赵昌兵，田怡. 大数据时代下教育管理改革的发展趋势与挑战[J]. 教育信息技术，2018（11）：55-57，38.

[45] 钟婉娟，侯浩翔. 大数据视角下教育决策机制优化及实现路径[J]. 教育发展研究，2016，36（3）：8-14.

● ● ● ● 第六章

智慧教育关联产业

智慧教育是人工智能技术与教育深度融合的产物,即通过互联网、人工智能及区块链等先进技术,推动教育改革与创新。随着互联网技术的兴起,教育向智慧化和共享化方向发展,各类智慧教育平台兴起。随着人工智能技术的发展,深度学习技术推动教育向个性化和定制化方向发展,混合现实技术推动教育向虚拟化和协同化方向发展。当前,随着教育内容的数字化发展、教育软硬件配备多样齐全,智慧学习环境、在线教育平台等教育产业逐步兴起。本章着重阐述人工智能赋能教育的现状、动态、挑战及趋势。

第一节 人工智能赋能教育

科技革命的发展势必推动产业的全面转型升级。随着5G、大数据、区块链等技术的兴起和发展,人工智能技术已经成为新一轮产业革命的引擎。在教育领域,人工智能技术不仅对教学方式、学习方式和未来学校产生深远影响,而且已经深入影响到教育的理念、文化和生态。世界主要发达国家均已意识到新形势下的教育变革势在必行,积极发布教育创新战略,设计教育改革发展蓝图,探索新模式，开发新产品，推进新技术支持下的教育教学创新[1]。如图6-1所示，人工智能技术在构建智慧学习环境、辅助教学、教育管理决策优化、自适应教育，以及开展教学精准评测等方面发挥重要作用。

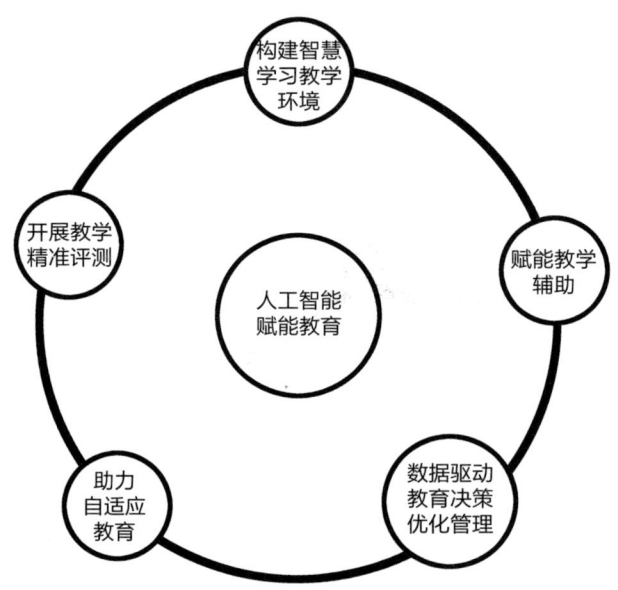

图6-1 人工智能技术赋能教育应用

我国陆续发布《新一代人工智能发展规划》[2]和《教育信息化2.0行动计划》[3]，强调实施全民智能教育项目。在中小学阶段设置人工智能相关课程；鼓励人工智能企业、科研机构搭建开源平台，面向公众开放人工智能研发平台、生产设施或展馆等；支持开展人工智能竞赛，鼓励进行形式多样的人工智能科普创作；鼓励科学家参与人工智能教育，推动人工智能技术在教育领域的落地实施，助力教育发展，支撑产业升级、经济转型和智能社会建设。2019年5月，以"规划人工智能时代的教育：引领与跨越"为主题的国际人工智能与教育大会在北京召开，大会形成《北京共识——人工智能与教育》，并提出人工智能是实现教育生态重构的有效手段、理性推进人工智能与教育融合共生、让人工智能与教育共同赋能未来3个核心观点，引领人工智能与教育的良性互动和系统融合[4]。

至此，人工智能变革教育已达成全球共识[5]。

正如联合国教科文组织发布的《教育中的人工智能：可持续发展的挑战和机遇》报告中所述，人工智能的愿景是改善学习和促进教育公平。人工智能在实现教育资源均衡、教育公平、精准化教学、个性化学习和辅助教师教学等方面给出了全新的解决方案并展现出潜力。利用人工智能，在校际、区域、国家和全球等范围收集、分析教育数据，完善创新人才培养制度，以促进和管理区域之间、城乡之间和校际之间的教育均衡。应用人工智能技术来分析和动态模拟学校布局、教育财政、就业渠道、招生选拔等教育子系统及其关系的演变过程，为国家教育制度、学校管理制度及教学制度提供改革方案和决策依据。人工智能可以为每个学生"画像"，记录学习计划和成长轨迹，识别学生的长处、弱点和学习偏好。人工智能可以有效支持自主探究和协作学习，促进学习方式从统一步调、统一方式、统一评价的班级"集体学习"向个性化学习转变。人工智能还可以帮助教师梳理辅导学生的经验，包括资源遴选和路径选择等，以实现个性化学习的规模化效应。人工智能赋能教学，降低了教师负担。"双师模式"是比较典型的做法，即教师和虚拟教学助理并行工作，"助理"可以完成教师的一些机械重复性工作，如作业批改、简单测试、资源寻找等，也可以帮助教师管理日常任务，使他们有更多时间专注于1对1交流和课程设计。

在应用层面，云端 AI 在线教育平台帮助学校、机构建立自己的线上教学班级，提供从教学项目、AI 在线实训环境到教学管理的教学全流程、一站式解决方案[6]。"智慧课堂"系统已走进多所学校的课堂[7]。多家在线教育平台[8]已超越时空限制，实现不同地域的教师和学生一起上课的场景，技术惠及全球学子。以 iSTREAMS (inspiration/intelligence/innovation/interdisciplinary/international, Science, Technology, Robotics, Engineering, Art, Management, Safety/Security/Service/Sensitivity/Sustainability/Smartness) 理念和 iCDIOS (inspiration/intelligence/innovation/interdisciplinary/international, Conceive, Design, Implementation, Operation, Safety/Security/Service/

Sensitivity/Sustainability/Smartness)模式为代表的智航人工智能教育理念已走进中小学人工智能教育课堂[9-12],项目课程包括无人机、3D 打印、物联网、智能编程、设计思维、虚拟现实等 10 多个系列[13-15],项目成果已惠及上百所中小学[16-20]。

人工智能赋能教育有诸多优点,但也面临着技术的挑战,人工智能尚处于弱人工智能阶段,教育领域的智能虚拟代理(Intelligent Virtual Agent, IVA)种类繁多,但应用在真实课堂的很少。IVA 如何能适时而非提前或延后地提供支撑,如何才能做到对不同学习者做出区别性响应是两个值得研究的重要问题。同时,如何使用新的方法和技术了解交互式教学环境的学生行为,改善和提升学生行为预测[21]也是值得探讨的问题。智能导师系统、精准学生画像、自适应教育等教育应用系统还在进一步完善和推广中。教育大数据在为教育教学的变革提供精准实测、私人订制、预判调度、霸权消减等赋能价值的同时,也存在隐私披露侵犯人格尊严、规制算法束缚自由选择、数据独裁固化等级甄别、固化标签牵制个体发展等伦理威胁,需要我们对此进行反思和规避[22]。

当前,国家政策为人工智能与教育的深度融合提供了重要支撑;互联网、大数据、5G 网络、自然语言处理、区块链等人工智能技术为人工智能与教育的深度融合提供了强大的技术保障;MOOCs、个性化教学、自适应教学、精准化教学等新型教育环境、教育理念为人工智能与教育的深度融合提供了数据基础和研究方向。这必将推动人工智能教育的发展,加速教育模式的变革。

第二节 人工智能教育存在的问题

当前,学习分析、机器学习、深度学习、语音识别、情感计算、增强现实等智能技术已经广泛应用到教育领域中,自适应学习、智能导学系统(Intelligent Tutoring System,ITS)、教育机器人等逐步在课堂中发挥重要作用。智能技术在提升学生学习体验、辅助教师高效教学、助力教师发展与培养、辅助教学精准评测、提高学校服务水平、促进教育决策的科学化和资源配置的精准化方面起到了重要作用。这将教师的工作重心由重复性的劳动转移到引导学生发展思维能力上来；激发了学生的学习兴趣，培养了学生的创新思维、创造能力。然而，当前人工智能处于弱人工智能阶段，人工智能技术与教育的融合处于初级阶段，人工智能教育研究与应用过程中还存在诸多问题[23]，如表6-1所示。

表6-1　人工智能教育面临的问题与挑战

层面	内容
宏观层面	公共政策需完善 全纳与公平如何实现 人工智能教师培养 优质教育数据构建 人工智能技术伦理
介观层面	教育理念与智能时代的教育核心素养不相符 研究方法缺乏系统性、科学验证 功能技术上存在数据异构问题
微观层面	缺乏与教育目标一致的清晰、明确、可量化的教育评价规则及评价维度界定

在宏观层面，目前有关人工智能教育的公共政策制定仍处于起步阶段，无法应对人工智能领域的创新速度[24]。例如，公共部门无法单独在如此复杂的技术层面进行创新，那么如何与私营部门建立伙伴关系，以扩大人工智能生态系统？如何创造新的筹资机会，为人工智能专家的形成和培训开发提供支持？如何利用自适应性学习平台、在线评估等技术释放人工智能在教育方面的潜力？如何建立一个与国家、与国际组织的两级伙伴关系，为可持续发展的人工智能生态系统服务？这需要进一步关注人工智能教育中的全纳和公平。全纳和公平是人工智能教育的核心价值。发展中国家迫切需要什么样的基础设施条件才能使人工智能教育成为可能？如何在互联网接入方面为数字权利的获得建立可持续和公平的条件？人工智能如何为弱势群体提供教育服务？人工智能教育如何

在发展中国家更快地增长,以缩小世界上贫富地区之间的教育差距?人工智能教育在哪些方面可以缩小性别差距?另外,教师如何能够更好地理解人工智能时代的教育并为之做好准备?如何构建优质的教育数据系统?如何确定教育领域人工智能技术应用的伦理机制?这都是需要高度重视并持续关注的问题[25]。

在介观层面,教育理念上,仍然是工业时代以传授为主的教学模式,而不是智能时代以核心素养为主的教育理念,以元认知、动机、行为等认知理论为基础的人工智能教育研究甚少[26]。研究方法上,研究过程和结果均缺乏科学验证,缺乏基于复杂性科学的系统性、自组织性、涌现性等。功能技术上,教育领域还存在大量异构数据库现象,不同系统的数据难以融通[27]。

在微观层面,教育领域依然存在大量的未给出规则定义或规则定义和范围不清晰的教育目标,导致人工智能在教育领域应用过程中缺乏清晰、明确、可量化的教育评价规则,如元认知能力、自我管理能力、学习能力等方面的评价,以及如何界定创新思维等。因此,用于人工智能教育中的机器规则更加需要进一步与教育评价规则对接,这一方面需要从技术上进行数据采集、信息挖掘与分析;另一方面需要人工智能技术人员与教育学、心理学专家从教学理论方面展开探索。

第三节　产业案例

当前,在可持续发展需求和新一轮科技革命双重驱动教育变革的背景下,人工智能与教育相互赋能成为时代命题。人工智能教育已经成为当前与未来教育变革的重要趋势。值得一提的是,人工智能教育具有双重定义,一方面,"人工智能技术赋能教育领域",即人工智能+教育;另一方面,"培养人工智能人才的教育",即人工智能教育。

随着自然语言处理、语义分析、图像识别、语音识别、自适应学习等技术的发展[28],人工智能技术在教育领域形成一系列产业应用及案例,如图6-2所示。

第六章 智慧教育关联产业   107

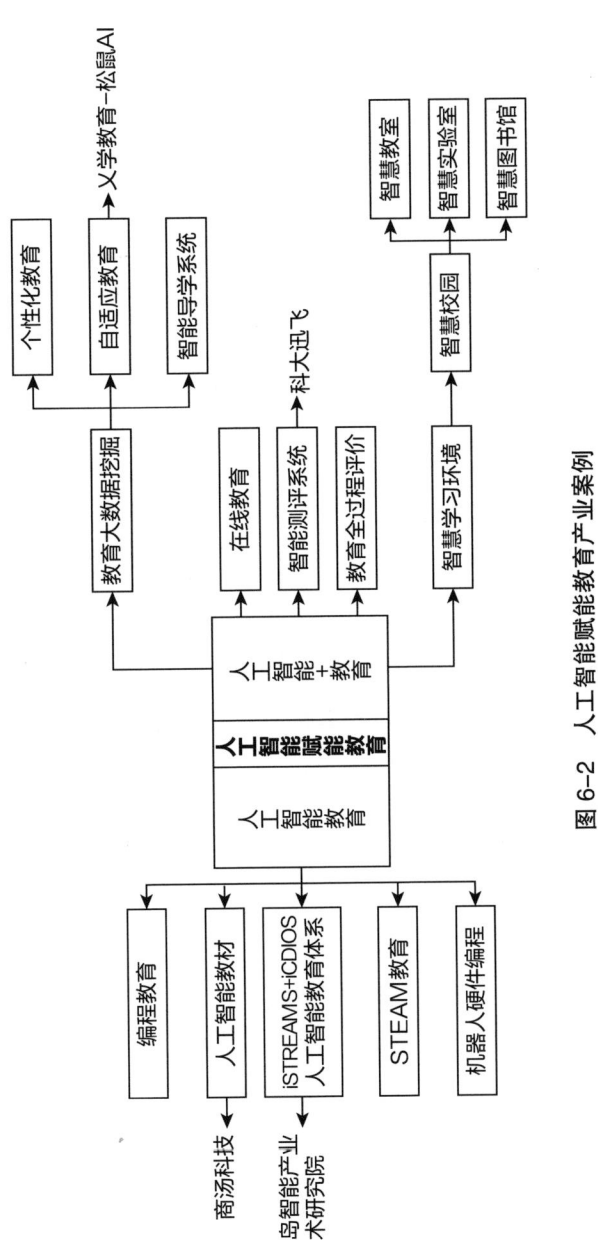

图 6-2 人工智能赋能教育产业案例

在人工智能＋教育方面，教育大数据挖掘、在线教育、智能测评系统、教育全过程评价、智慧学习环境逐步应用到教育领域。在教育大数据挖掘方面，乂学教育－松鼠AI成为自适应教育行业的典范。乂学教育－松鼠AI成立于2014年，提供教师与AI智适应学习系统协作教学的全套标准体系及MCM系统（学习能力、思想、方法），通过AI智适应学习系统主导、真人来辅助的双师模式，完成"教—学—评—测"的教学全流程，并且做到全流程数据的收集。乂学教育－松鼠AI包含小学、初中、高中的语文、数学、物理等全学科课程内容。乂学教育－松鼠AI是线上线下打通的商业模式，采用70% AI系统授课＋30%教师辅助授课的混合模式，学生可以在家在线学习，也可以到线下学习中心学习，接受AI教学系统和教师混合授课。另外，在线教育已经在教育领域中普及。智能口语测评技术、智能作业批改系统等智能测评产品相继出现。智能口语测评技术方面的应用有科大讯飞、云之声等。智慧教室、智慧实验室、智慧图书馆等智慧学习环境的建设和应用尚在探索阶段，还没有实现大规模的普及和使用。

在人工智能教育方面，为响应国家教育战略，国内的学校、教育机构、社会团体纷纷开发了针对K-12学段的人工智能教育相关课程，举办了人工智能师资培训，设计了人工智能相关比赛项目等。贝尔科教开设了2000多套不同主题的课程，涉及机器人硬件编程、低龄化实物编程和图形化软件编程（Scratch）、Python、C++等编程语言的学习和综合运用。商汤科技将人工智能领域的图像识别、声音识别、视频行为识别、人脸识别及数据分析等技术原理知识、知识链接、案例理解等写入适合高中学生的人工智能教科书。这些都推动了K-12学段人工智能教育的发展。然而，在已有的K-12学段人工智能教育产品中，鲜有将人工智能定位于模拟、延伸和扩展人的智能的内涵引导给学生的人工智能课程体系和人工智能教育理念。同时，当前的K-12学段人工智能教育主要还存在着课程内容体系不完善[29-31]、教育内容背离基础教育定位[32]、人工智能师资队伍薄弱等问题。

针对当前K-12学段人工智能教育课程体系和课程教育理念方面的问题，

青岛智能产业技术研究院智慧教育研究所将研究院的人工智能成果应用于 K-12 学段学生的人工智能教育。该研究所结合权威的让·皮亚杰的认知发展理论和维果茨基的社会文化理论提出平行教育理论，将 iSTREAMS 理念和 iCDIOS 模式相结合，引导学生体验人工智能技术通过感知（模拟人利用感觉器官获取信息的能力→利用传感器收集信号）、推理（利用大脑已有的知识经验→利用知识库分析、理解所获取的信息），最终做出决策、解决现实问题的过程，从而形成了面向 K-12 学段的 iSTREAMS 智航人工智能教育体系。该体系依据 iSTREAMS 理念和 iCDIOS 模式，倡导在学习中创造和在创造中学习的教育理念，是对传统 STEM 教育理念和 CDIO 工程教育模式的扩展，通过引导学生感知世界、理解世界进而参与创造世界的三部曲，培养学生计算思维能力和创造性解决问题的能力。它强调提供以学习者（包括教老师和学生）为中心，以人工智能、机器人和知识自动化为特色要素，面向问题解决能力培养的科创教育整体解决方案。项目课程包括无人机、3D 打印、物联网、智能编程、设计思维、虚拟现实等 10 多个系列[13-14, 33]，项目成果已经走进中小学人工智能教育课堂[9-12, 15]，惠及上百所中小学[16-20]。

第四节　总结

在人工智能时代，全球主要国家和地区均制定了人工智能发展规划和人工智能人才培养计划。人工智能与教育相互赋能，已成全球共识。以技术助力教育发展，反过来用教育培养人类去接纳、适应和发展人工智能技术，推动技术的进步，这是人类一直共同追求的目标。

随着自然语言处理、图像识别、深度学习、物联网、数据挖掘等技术的发展，人工智能技术为教育领域提供了智适应学习系统、智能口语测评系统、虚拟学伴、虚拟教师等人工智能教育平台，改变了以教师为核心的教学模式，使学生成为学习的主体。同时，iSTREAMS+iCDIOS 人工智能教育课程体系培养了学生计算思维能力、动手动脑习惯和创新思维意识，提供了人工智能教育理念，引导学生体验和认识人工智能主要是研究、开发用于模拟、延伸和扩展人的智能的理论和技术，从而推动了教学模式和教育理念的变革和发展。

毋庸置疑，当前人工智能尚处于弱人工智能阶段，人工智能技术与教育的融合还处于初级阶段，人工智能教育研究与应用过程中还存在公共政策不完善、研究方法缺乏系统性、研究过程和结果缺乏科学验证、教育理念待更新、功能技术待突破等问题，解决这些问题是教育界共同努力的动力，也是共同奋斗的目标。

参考文献

[1] 张慧，黄荣怀，李冀红，等．规划人工智能时代的教育：引领与跨越——解读国际人工智能与教育大会成果文件《北京共识》[J]．现代远程教育研究，2019，31（3）：3-11.

[2] 中华人民共和国国务院．新一代人工智能发展规划 [EB/OL]．（2017-07-20）[2021-05-13]．http://www.gov.cn/xinwen/2017-07/20/content_5212064.htm.

[3] 中华人民共和国教育部．教育信息化 2.0 行动计划 [EB/OL]．（2018-04-18）[2021-05-13]．http://www.moe.gov.cn/srcsite/A16/s3342/201804/t20180425_334188.html.

[4] 苗逢春．引领人工智能时代的教育跃迁：2019 年北京国际人工智能与教育大会综述 [J]．电化教育研究，2019，40（8）：5-14，29.

[5] 黄荣怀．人工智能变革教育已成全球共识 [J]．中国教育网络，2019（6）：28-29.

[6] 百度大脑 AI Studio [EB/OL]．[2021-05-13]．https://aistudio.baidu.com/aistudio/education.

[7] 科大讯飞智慧课堂：人工智能赋能教育 [EB/OL]．[2021-05-13]．https://baijiahao.baidu.com/s?id=1588110530970175828&wfr=spider&for=pc.

[8] 刘兆义．"翼课网"大数据、人工智能为英语学与教赋能 [J]．英语教师，2018，18（10）：6-8.

[9] WANG F Y, TANG Y, LIU X W, et al. Social education: opportunities and challenges in cyber-physical-social space[J]. IEEE transactions on computational social systems, 2019, 6

(2): 191-196.

[10] WANG F Y, TANG Y. Parallel education: virtual teachers for real teaching in iSTREAMS and iCDIOS[C]. Denton: The 2019 US-China Smart Education Conference, 2019.

[11] 王飞跃. 如何培养人工智能人才: 从平行教学到智慧教育[J]. 科技导报, 2018, 36 (11): 9-12.

[12] 张俊. 平行教育: 从iSTREAM和iCDIOS到智慧教育[C]. 北京: 第三届中美智慧教育大会, 2018.

[13] 刘希未. 中小学人工智能教育中的系统思维[C]. 绍兴: 2019年国家机器人发展论坛, 2019.

[14] LIU X W, DONG X Y, WANG F Y, et al. A new framework of science and technology innovation education for K-12 in Qingdao, China[C]//2017 ASEE International Forum. Columbus: American Society for Engineering Education, 2017.

[15] GONG X Y, ZHAO L, TANG R H, et al. AI educational system for primary and secondary schools, China[C]//2019 ASEE International Forum. Tampa: Tampa Convention Center, 2019.

[16] 独创iSTREAM智能科技创新教育体系 青岛智能院领跑"智慧教育"[EB/OL]. (2019-04-28) [2021-05-13]. https://new.qq.com/rain/a/20190428A0DM3V.

[17] 超银小学成为首家智航iSTREAM智能科技教育示范校[EB/OL]. (2019-01-11) [2021-05-13]. http://www.sohu.com/a/288404148_207150.

[18] 青岛十九中联手青岛智能产业技术研究院推进创新素质培养[EB/OL]. (2017-04-17) [2021-05-13]. http://www.sohu.com/a/134583444_351247.

[19] 中国自动化学会. 首家智航助学助教基地: 弥勒三中教师VR课程青岛培训成功举办[EB/OL]. (2018-07-30) [2021-05-13]. http://mini.eastday.com/a/180730162811196-2.html.

[20] 中国自动化学会. 发电自动化专业委员会开启智航助学助教[EB/OL]. (2017-12-20) [2021-05-13]. http://mini.eastday.com/mobile/171220184158476.html.

[21] 刘凯, 王韬, 隆舟, 等."智适应"理论与实践: 第三届人工智能和自适应教育国际

大会综述 [J]. 开放教育研究，2019，25（5）：33-48.

[22] 庞茗月，胡凡刚. 从赋能教育向尊崇成长转变：教育大数据的伦理省思 [J]. 电化教育研究，2019，40（7）：30-36，45.

[23] 孟青泉，贾积有. 人工智能教育研究及应用中的问题剖析与发展建议 [J]. 人工智能，2019（3）：110-118.

[24] 任友群，万昆，冯仰存. 促进人工智能教育的可持续发展：联合国《教育中的人工智能：可持续发展的挑战和机遇》解读与启示 [J]. 现代远程教育研究，2019，31（5）：3-10.

[25] 黄荣怀，张慧，尹霞雨. 人工智能促教育 2030 议程实现 [N]. 中国教育报，2019-05-18（3）.

[26] 郑勤华，熊潞颖，胡丹妮. 任重道远：人工智能教育应用的困境与突破 [J]. 开放教育研究，2019，25（4）：10-17.

[27] 高伟，刘苗苗. 人工智能时代教育人工智能研究与应用现状、问题及对策 [J/OL]. 软件导刊，1-5 [2021-05-13]. http://kns.cnki.net/kcms/detail/ 42.1671.TP.20190820.1125.040.html.

[28] 亿欧智库. 2019 全球人工智能行业研究报告 [R]. 北京：亿欧，2019.

[29] 王兴月. 人工智能在教育领域中的应用案例分析及发展前景 [J]. 中小学电教，2019（1）：30-34.

[30] 谢忠新，曹杨璐，李盈. 中小学人工智能课程内容设计探究 [J]. 中国电化教育，2019（4）：17-22.

[31] 周邵锦，王帆. K-12 人工智能教育的逻辑思考：学生智慧生成之路——兼论 K-12 人工智能教材 [J]. 现代教育技术，2019，29（4）：12-18.

[32] 刘尚琴. 国内中小学人工智能课程现状、问题及推进策略分析 [J]. 中小学电教，2018（5）：37-40.

[33] 张进宝，姬凌岩. 中小学信息技术教育定位的嬗变 [J]. 电化教育研究，2018（5）：16-22.

第七章

智慧教育与未来学习

第一节 新时代素养

当前，人工智能技术的发展推动社会各行各业发生了重大变革[1]。感知类技术发展迅速[2-5]，机器逐步实现了对人类大脑、眼、耳、手、口的替代，并实现了自主感知、决策和操控，推动产业自动化水平达到新高度[6]。大数据与智能分析技术不断取得突破，推动商业模式的变革[7-8]。人工智能技术与各行业的深度融合推动了新产品和新业态的出现，并最终颠覆了原有的产业形态[9-11]。

整个社会的就业结构发生了重大变化[11]，这对人才素质提出了新的要求。自动人脸识别技术已在金融、安防、侦察反恐等领域广泛应用；智能安保系统以其高效、便捷、快速的特征逐步取代人力；智能客服机器人已在零售、银行等服务行业代替大部分人力；无人驾驶技术取得新进展，无人插秧、无人采矿已逐步在生产中崭露头角。一些简单、重复性的劳动已经被机器取代，沟通能力、设计创造能力、管理能力是人工智能时代对人才提出的新要求，这在发达的国家和领先的企业已有了较为明显的体现。在我国企业的人才招聘中，企业更加看重人才的技术和创新能力，掌握机器学习、计算机视觉、自然语言处理等人工智能技术的人才和掌握数据挖掘、数据存储、数据分析、数据库架构等数据领域相关技术的人才得到企业更多的关注。学习能力、创新思维和实践能力成为人工智能时代人才必备的素养。

通过学习获得实践智慧成为人们在人工智能社会立足的法宝，也是教育的本质[12]。正如亚里士多德所述："实践智慧在于深思熟虑、判断善恶，学会选择或规避风险，能够很好地运用存在于我们之中的一切善的事物，正确地进行社会交往，洞察良机，机敏地使用言辞和行为，拥有一切有用的经验。"

人工智能时代的数字孪生、全息、5G网络、虚拟现实、增强现实、机器学习等新技术也为教育的变革与发展提供了良好的条件[13-16]。智慧学习环境下的未来学习成为人们关注和研讨的焦点。未来学习是指在当前这样一个开放多元的信息环境下，利用人工智能等最新技术改变教育，实现对学习者自主学习能力、创造发现能力、人际交往能力、各类综合创新思维能力及创新实践能力的培养，进而达成学习者获取实践智慧的教育本质。

第二节 体验式学习

体验式学习以美国教育家杜威提出的"在做中学"为基本原则，以建构主义学习理论为基础[17-19]。体验式学习是指在新课改环境下将学生看成教学主体的一种学习方式，是一种学生通过亲身经历事物的探究过程，并通过反思来获得知识、发展能力、形成情感的学习方式。情感性、实践性、情境性、亲历性是体验式学习的主要特点[20]。

体验式学习对于激发学生学习积极性、培养学生自主学习能力和提高教学效率具有重要实践作用。体验式学习课程在中小学[21-23]，甚至在大学课堂中[24]已广泛应用。

然而，当前在中小学的体验式学习中，其优势并没有完全体现出来，究其原因，主要是没有专门的体验式课程设计、教学情境创设不完善、实践环节少[25]。随着人工智能技术的发展及与各行业的融合，VR 技术、数字孪生技术、全息技术等为体验式学习的课程设计提供了广阔的空间与技术保障[26-27]。VR 技术[28-29]在实验仿真、技能培训、体验式学习、观察学习、操作练习等方面具有重要的应用价值。它能够突破传统教学环境的局限，创设非常逼真的情境，营造出强烈的沉浸感，具有丰富多样的交互方式，有利于增进学习体验、激发学习动机、促进情境认知和知识迁移等。数字孪生技术是信息化高度发展的产物，它将成为人类重新认识、诊断与监测物理世界的重要工具[30]。全息技术是利用干涉和衍射原理记录并再现物体真实的三维图像的技术。数字孪生与全息技术相结合可以创建任何事物的虚拟复制品，为人们提供三维立体的沉浸式视觉体验。二者相结合也可以在虚实映射的学习场所中，借助透视化、精准映射的学习内容，以自然交互的互动方式及全面多维的学习评价，不断增强学生的知识与技能，提升学生个体和整体的学习质量，为学生提供"虚实共生、具身体验"的体验式学习环境。

人工智能时代对人才的创新精神和实践能力提出了更高的要求，同时，人工智能技术的发展促进了智能教育技术的发展。随着人工智能技术与教育的深度融合，体验式学习必将成为未来学习的一种重要模式。

第三节　人机协作学习

人工智能使人类进入全新的智能时代，整个社会结构、生产生活方式，甚至思维方式都发生了巨大变化。利用人工智能技术变革教育成为国际共识。美国在 2016—2018 年先后发布了《为人工智能的未来做好准备》《国家人工智能研究与发展战略规划》《美国机器智能国家战略规划》3 份国家级人工智能战略报告，推动人工智能技术与教育的深度融合。英国率先提出了"机器人陪伴学习"

的概念，关注人工智能教育的未来发展。我国于 2017 年、2018 年先后发布《新一代人工智能发展规划》《教育信息化 2.0 行动计划》，推动人工智能技术支持下的教育模式变革。

知识的海量增长、社会空间和生活空间的扩展、多元的认知空间及学习环境给教师的教学带来了巨大的挑战[31-32]。人工智能技术协同教师教学成为一种重要的实践形态[33]。开发 AI 教师，实施人机协同学习成为人工智能与教育融合的一个研究热点[34]。

AI 代理、AI 助手、AI 教师、AI 伙伴是常见的 4 种人机协作学习实践形态[35]。在这个背景下，AI 教师和真人教师联袂执教的双师课堂成为新的课堂形态[36-40]，并取得一致好评。智能导学系统[41-42]，如逻辑导师（Deep Thought）、编程智能教学助理（Intelligent Teaching Assistant for Programming）、Knewton 系统因通过模拟人类教师来辅导学习者进行学习，并帮助教师完成对学生学习的评价和引导而广受欢迎。智慧学伴[43-44]是一类可以直接讲授并及时回答学生提出的问题，感知并调整学生情绪的教育机器人，如美国加州某公司研发的社交机器人 Moxie、新加坡南洋理工大学研发的 Nadine 等，其在陪伴学生学习并为学生解决学习问题方面发挥了重要作用。

目前，AI 教师[45]在辅助人类教师开展教学的过程中发挥了重要优势：①能够提供给学生丰富的学习内容、良好的学习环境，学习过程中能够引导和陪伴学生学习，从而提高学生的认知能力；②在实施引导学生学习过程中能够规避人类教师不可避免的一些失误，提高学生学习的规范性；③可爱憨厚的外观拉近了与学生的心理距离，为学生创造轻松、愉快、积极的人机交互环境，增强学生学习的兴趣及社会交往能力；④能够减轻人类教师的工作负担，使人类教师有更多的时间关注每个学生的特点，规划实施个性化引导与精准化教学[46-47]。

第四节 终身学习

终身学习是指社会每个成员为适应社会发展和实现个体发展的需要，贯穿于人的一生的、持续的学习过程。终身教育的观念自古以来就存在于人类文明的各种形态之中。真正将终身教育植入现代教育体系的是20世纪20年代的英国[48]，距离现在已有百年的历史。在百年的发展历程中，在国际组织、社会团体、教育工作者、研究者的推动下，终身教育从古老的理念走向了现代实践，从单一概念走向了理论的体系化，从少数发达国家走向了全球，从一种语言走向了多种语言，从终身教育走向了终身学习[49]。

在人工智能时代，知识更新越来越快，社会环境复杂多变，新技术、新范式、新业态层出不穷，新思想、新观念不断颠覆着人们的生产和生活方式。终身学习成为人们在智能社会安身立命的法宝。我国政府一直重视推进全民学习、终身学习，致力于建设学习型城市[50-51]。随着人工智能技术与教育的不断融合，在线教育、MOOCs平台为人们的终身学习提供了大量的学习资源和学习路径[52-54]。这些平台具有课程内容丰富、实现学习者之间的共享和交流，以及提供自由的学习时空等优点。然而，目前这些平台在技术智能、教学设计个性化、讨论交流互动和课程评价与反馈方面还存在很大的提升空间。

当前，物联网技术、大数据技术、人工智能技术发展迅速，使得设计具有感知性、交互性、个性化引导、智能化自适应及共建共享化的学习平台成为可能[55]。这为培养人工智能时代人们的终身学习能力、实现人们的个性化学习、获取多元学习内容、体验多元学习方式，进而实现深度学习奠定了良好的基础。以深度学习技术、计算机视觉技术、语音识别和自然语言处理技术为基础的学习分析技术使学习者在学习过程中可以实现自我诊断，进而动态调整学习路径，实现个性学习[56-57]。以虚拟现实、增强现实为基础的技术实现了体验式实景教学，转变了学习者的学习方式，对于重构学习者思维具有重要实践意义[58-59]。因此，智慧教育为培养具有终身学习能力的创新人才提供了良好的沃土，能感知学习情景、识别学习者特征、提供合适的学习资源和便利工具，以及自动记录学习过程和评测学习结果的智慧教室、智慧实验室、智慧图书馆、智慧校园是实现终身学习的未来学习空间[60]。

第五节 总结

在智能时代，产业的自动化水平达到新高度，智能决策与分析技术取得新进展，原有产业的商业模式和产业模式不断被颠覆。社会发展对人才提出了新的要求，一些简单重复的劳动逐步被机器人取代。沟通能力、管理能力、创新实践能力、人工智能技术研发与应用能力是社会对人才提出的新要求。随着智能技术的发展，教育设备与设施不断更新，新的教学技术与教学方法不断涌现，推动了教育观念和教学方法的改革，体验式学习、人机协同学习、终身学习成为未来学习的重要方式。加强人工智能技术与教育的深度融合，转变人才培养的方法和路径，推动人与社会的共同发展是智慧教育发展的必由之路。

参考文献

[1] 谭铁牛. 人工智能的历史、现状和未来[J]. 奋斗，2019（5）：8.

[2] VENKATESWARA H，CHAKRABORTY S，PANCHANATHAN S. Deep-learning systems for domain adaptation in computer vision：learning transferable feature representations[J]. IEEE signal processing magazine，2017，34（6）：117-129.

[3] LIANG W，HUANG W，LONG J，et al. Deep reinforcement learning for resource protection and real-time detection in IoT environment[J]. IEEE internet of things journal，2020，7（7）：6392-6401.

[4] GARCIA-SALINAS J S, VILLASENOR-PINEDA L, REYES-GARCIA C A, et al. Transfer learning in imagined speech EEG-based BCIs[J]. Biomedical signal processing and control，2019，50:151-157.

[5] DEVLIN J, CHANG M W, LEE K, et al. BERT: pre-training of deep bidirectional transformers for language understanding[EB/OL]. [2021-05-13]. http://arxiv.org/pdf/1810.04805.pdf.

[6] 王飞跃. 从人工智能到智能产业: 迈向第三轴心时代的智慧世界[J]. 无人系统技术, 2019（1）: 1-4.

[7] 王砚羽, 苏欣, 谢伟. 商业模式采纳与融合:"人工智能+"赋能下的零售企业多案例研究[J]. 管理评论, 2019, 31（7）: 186-198.

[8] 林琳, 吕文栋. 数字化转型对制造业企业管理变革的影响: 基于酷特智能与海尔的案例研究[J]. 科学决策, 2019（1）: 85-98.

[9] 柴象飞. 跨界融合, 医疗影像AI正当时[J]. 人工智能, 2018（4）: 60-69.

[10] 赛迪顾问. 2018年中国人工智能+医疗应用市场白皮书[N]. 中国计算机报, 2018-12-10（14）.

[11] 朱善邦, 王婷, 徐卫东. 人工智能诊疗平台在医学领域中的应用[J]. 中国医疗设备, 2019, 34（1）: 152-155.

[12] 王慧敏. 基于数据挖掘的失眠症用药规律研究[D]. 南京: 南京中医药大学, 2020.

[13] 赵剑波. 推动新一代信息技术与实体经济融合发展: 基于智能制造视角[J]. 科学学与科学技术管理, 2020, 41（3）: 3-16.

[14] 罗生全, 胡月. 学习者本位的未来学习场域形态及其建构[J]. 教学研究, 2020, 43（1）: 22-27.

[15] 张艳丽, 袁磊, 王以宁, 等. 数字孪生与全息技术融合下的未来学习: 新内涵、新图景与新场域[J]. 远程教育杂志, 2020, 38（5）: 35-43.

[16] 李书杰, 郑利平, 谢文军, 等. 虚拟现实（VR）教育的问题与思考[J]. 计算机教育, 2019（2）: 41-44.

[17] 袁磊, 张艳丽, 罗刚. 5G时代的教育场景要素变革与应对之策[J]. 远程教育杂志, 2019, 37（3）: 27-37.

[18] 兰国帅, 郭倩, 魏家财, 等. 5G+智能技术: 构筑"智能+"时代的智能教育新生态

系统 [J]. 远程教育杂志，2019，37（3）：3-16.

[19] 蒋廷玉. 注重学生学习过程　提高公民教育实效：我国思品课标和新加坡中学品格与公民教育课标比较研究（下）[J]. 中学政治教学参考：中旬，2017（8）：11-13.

[20] 周恋. 基于建构主义学习理论的 ERP 沙盘教学改进 [J]. 科技信息，2011（8）：119-121.

[21] 徐溪溪，吴建平，姬永倩，等. 基于体验式学习的小学 STEAM 课程设计与实施：以"模拟桥梁的设计与制作"为例 [J]. 中国信息技术教育，2018（23）：57-60.

[22] 黄怡. 基于体验式学习的一个细胞核基因模型在生物教学中的应用 [J]. 华夏教师，2020（9）：84-85.

[23] 苏锦彬. 试论在小学数学教学中体验式学习方法的有效应用 [J]. 数学学习与研究：教研版，2020（5）：80-80.

[24] 宋松，陈仕品. 体验式学习在高中物理中的应用 [J]. 基础教育研究，2020（9）：65-67.

[25] 龚贞祥. 小学高年级数学体验式学习的教学研究 [J]. 名师在线，2020（13）：76-77.

[26] 张平，杨燕. 基于体验式学习理论与"研本互动"的学习型大学生党支部建设探索与实践 [J]. 湖北开放职业学院学报，2020，33（16）：78-79.

[27] 张玉翠. 打造体验式学习数学课堂的策略探析 [J]. 成才之路，2020（9）：110-111.

[28] 李忠玺. 智慧教室环境下初中信息技术课程体验式学习初探 [J]. 河北理科教学研究，2020（2）：51-53.

[29] 黄琳，黄东斌. 学生主体：体验式学习策略优化 [J]. 中国成人教育，2017（22）：15-17.

[30] 钟正，陈卫东. 基于 VR 技术的体验式学习环境设计策略与案例实现 [J]. 中国电化教育，2018（2）：51-58.

[31] 黄甫全，伍晓琪，唐玉溪，等. 双师课堂课程开发引论：缘起、主题与方法 [J]. 电化教育研究，2020，41（2）：99-107.

[32] 尹睿，黄甫全，曾文婕，等. 人工智能与学科教学深度融合创生智能课程 [J]. 开放教育研究，2018，24（6）：70-80.

[33] 余胜泉，王琦. "AI+ 教师"的协作路径发展分析 [J]. 电化教育研究，2019（4）：14-22.

[34] 周琴，文欣月. 智能化时代"AI+教师"协同教学的实践形态[J]. 远程教育杂志，2020，38（2）：37-45.

[35] 闫志明，付加留，朱友良，等. 整合人工智能技术的学科教学知识（AI-TPACK）：内涵、教学实践与未来议题[J]. 远程教育杂志，2020，38（5）：23-34.

[36] 曾思华，丘诗盈，唐繁茂，等. AI全科教师小学数学微课教学设计开发研究：以《三角形的内角和》为例[J]. 广东第二师范学院学报，2019，39（6）：21-30.

[37] 夏媛媛，曾密成，谢安琪，等. AI全科教师小学英语微课教学设计开发研究：以教科版五年级上册Abilities为例[J]. 广东第二师范学院学报，2019，39（6）：31-41.

[38] 吴冬冬，谢少菲，陈思宇，等. AI全科教师小学语文微课教学设计开发研究：以《迷人的张家界》为例[J]. 广东第二师范学院学报，2019，39（6）：12-20.

[39] 李浩然，杨一格，康慧，等. AI全科教师微课教学设计开发研究[J]. 广东第二师范学院学报，2019，39（6）：1-11.

[40] 黄甫全，伍晓琪，丘诗盈，等. AI全科教师主讲课程学习成效试验研究[J]. 开放教育研究，2021，27（1）：32-43.

[41] 龚礼林，刘红霞，赵蔚，等. 情感导学系统（ATS）的关键技术及其导学模型研究：论智能导学系统走向情感导学系统之意蕴[J]. 远程教育杂志，2019，37（5）：45-55.

[42] 艾瑞咨询. 2019年中国AI+教育行业发展研究报告[R]// 艾瑞咨询系列研究报告. 上海：上海艾瑞市场咨询有限公司，2020（3）：45.

[43] 李娜，薛超. 基于"智慧学伴"的真实教学情境创设[J]. 教育，2020（28）：47.

[44] 徐欢云，胡小勇. 借鉴、融合与创新：教育人工智能发展的多维路向——基于AIED（2011—2018）的启示[J]. 开放教育研究，2019，25（6）：31-45.

[45] 陈思宇，黄甫全，曾文婕. AI教师开发：国际进展与前瞻[J]. 现代基础教育研究，2019，35（3）：15-22.

[46] 陈思宇，黄甫全，曾文婕，等. 机器人可以教知识无法培育价值观吗[J]. 中国电化教育，2019（2）：29-35.

[47] 时晨晨. 美国：AI能够为教师每周节省13小时的工作时间[J]. 人民教育，2020（6）：10-11.

[48] 贾凡. 三大理念解析：终身教育、终身学习与学习化社会 [J]. 职教论坛，2010（16）：26-28.

[49] 何光全，何思颖. 全球视域下的终身教育发展脉络 [J]. 终身教育研究，2019，30（1）：19-26.

[50] 李卓珂，张晶蕊，王娟. 终身教育体系下智慧学习平台的构建研究 [J]. 成人教育，2019，39（4）：10-13.

[51] 尹天鹤. 智慧教育框架下终身学习服务平台建设研究：基于宁波的实践 [J]. 中国教育技术装备，2017（2）：8-11.

[52] 郝克明. 让学习伴随终身：中国特色的终身学习理论探索与创新 [J]. 江苏开放大学学报，2016，27（1）：3-9.

[53] 关新. 人工智能时代的教育：精准教育与终身学习 [J]. 华东师范大学学报：教育科学版，2017，35（5）：14-17.

[54] 张力玮，吕伊雯，沈鑫. 智慧教育之先锋 终身学习之路径：访哈姆·本·默罕默德数字化大学校长、联合国教科文组织教育信息技术研究所理事会主席曼苏尔·阿瓦尔教授 [J]. 世界教育信息，2018，31（2）：3-5.

[55] 崔铭香，张德彭. 论人工智能时代的终身学习意蕴 [J]. 现代远距离教育，2019（5）：26-33.

[56] 吴林静，刘清堂，边佳琪，等. 学习分析视域下学习者编程过程分析研究 [J]. 现代远距离教育，2020（2）：68-75.

[57] 吴永和，程歌星，刘博文，等. LAK十周年 引领与塑造领域之未来——2020学习分析与知识国际会议评述 [J]. 远程教育杂志，2020，38（4）：15-26.

[58] 吕云，洪玉洁，孙伟. 虚拟现实教育应用促进教育均衡发展 [J]. 计算机教育，2019（12）：3-8.

[59] 乔沛昕，李红波，魏冬雨. 互联网+智慧校园：教育信息化2.0时代智慧校园新形态 [J]. 教育探索，2019（5）：63-68.

[60] 张春兰，李子运. 智慧教育视野中未来学习空间的重构 [J]. 现代教育技术，2016，26（5）：24-29.